作為一個改革宗的信徒，

我完全拒絕人有與上帝契合的可能。

人……只能立足在地上，

藉對「惟獨恩典、惟獨信心」

的認信與經歷而生活……

冥想作為一種屬靈作業是沒有堅實的

聖經基礎的。

——梁家麟

信念再思叢書

梁家麟書系

凡人的祈禱

基道出版社

▼

信念再思叢書•梁家麟書系

凡人的祈禱

Prayer of Seculars

作者

梁家麟 Leung, Ka-lun

責任編輯

陳錦榮

裝幀設計

伍愛清、莫可雅

■

出版／發行

基道出版社

香港沙田火炭坳背灣街26號富騰工業中心1011室

LOGOS PUBLISHERS

Unit 1011, Fo Tan Ind. Centre, 26 Au Pui Wan St., Shatin, Hong Kong

電話：(852) 2687-0331　傳真：(852) 2687-0281

網址：http://www.logos.com.hk

承印

陽光印刷製本廠

●

版權所有•請勿翻印

© 基道文字事工有限公司

4/95初版　11/95二版　3/96三版　4/01四版

Cat. No. LP319-4B

ISBN-10: 962-457-079-5

ISBN-13: 978-962-457-079-3

© 1995 by Logos Ministries Ltd.

ALL RIGHTS RESERVED

Printed in Hong Kong

刷次	12	11	10	9	8	7	6	5
年份	2021	2020	2019	2018	2017	2016	2015	2014

目錄

寫在系列前面

就憑空問我要寫甚麼？有甚麼該寫而又非寫不可？我說不上來。但每次安坐在凌亂至無一寸淨土的書桌前，心靈便有安頓踏實的感覺。我喜歡用筆在捧讀的書本上畫線打圈，在廢紙背面塗鴉整理思緒，也用文字表達自己的思想感情。心隨筆至，適意自在。上帝大概是公平的，祂給我一張結巴巴的嘴，說話繞圈半天仍不著邊際，但又供應我一枝尚可抒情寫意的原子筆。

我愛讀書與寫字。一天倘若花上全部時間在教學及行政之上，那怕做的是再轟烈的事，也教我有不務正業、不學無術的失落感。前人說一日不讀書便面目可憎，我深切共鳴之。故此，不明白的人會奇怪我如何在一切正務庶務聖事俗事之上，尚有餘力讀書寫字，是否眞箇刻苦自勵、好學不倦。知我者便了解：我只是在書桌前才尋回自己，而我正在努力尋回自己吧。

我非常慶幸活在一個不乏思想沖激、也不乏話題的時代裏，更慶幸自己關注的東西在同時代的人中間找到共通的對話處。我喜歡在自說自話之餘假裝與「某些人」對話，喜歡你們就是「某些人」。是你們的存在及回應，教我肯定所做的微不足道的小技細作，仍算參與在這個時代中，仍算償報上帝的恩情。

早在一九九一年《另一種信仰？》出版前，便與基道出版社談過有關出版獨立系列的構想。但那時仍未能承諾每年出版兩本書，也未知市場對這個構想的接受程度，故決定暫緩一陣，待時機成熟才予落實。及至《憑誰意行？》出版後，得到相當不錯的反應，才敢將這個系列獻呈出來。

這個系列是給我做思想整理的小園子。我認定任何神學研究均是爲教會服務的。是教會賦予神學研究的資格，決定甚麼是該研究的話題，限制研究的幅度與向度，並且也最終審定一切研究成果是否合法、是否被認受。我希望自己的思想整理亦遵循以上的限定，即在教會裏、爲教會服務，也接受教會審定。我會將自己的思考及參照的理論用較淺白的文字闡述出來，除去被大堆神學詞彙及冗贅的陳述模式層層裹住的神祕外衣，使原來並不複雜的神學思想能夠爲一般信徒所理解及欣賞，並且兌現在教會生活上。爲此，每本書都各自爲獨立單元，並盡可能在十萬字以下。它們之間未必有鮮明的關聯，但總有其內在的承上啟下的脈絡與線索。畢竟你不能期望我每年都來一個大變身。

在此我要多謝基道出版社蔡桂球先生、張小鳴先生及一衆編美同工在各方面的配合，沒有他們在明處暗處的承擔，這個小園地就無法營建出來。建道神學院提供給我讀書寫字的空間，許多至愛友人的提點激勵，也是我心深銘謝的。

一九九三年二月二十二日

小序

本書的寫成既可說是偶然，但也斷續地綿延了好幾年的時間。

先是在數年前因「第三波」爲香港教會帶來沖激，特別是其誇張了信心與祈禱的效用，促使我正視祈禱在信仰生活裏的角色與效用問題，結果寫了一系列與祈禱有關的文章，包括〈人人都該說方言嗎？〉（刊《時代論壇》239期，1992年3月29日）、〈求主教導我們禱告〉（此文原欲投《時代論壇》，但被退稿，結果收入《憑誰意行？》裏）等。

及後「屬靈操練」熱潮崛興，不少牧者信徒對天主教冥想式的祈禱與靜修模式趨之若鶩，並且批評華人教會不注重屬靈操練、信徒靈命淺薄。於是誘發我檢視自身（更正教、改革宗、華人教會……）的屬靈傳統，評估其優劣與時代適切性，尋找更新之途的研究方向，並曾分別在加拿大及香港開設「華人教會屬靈傳統」的課程。當中自然也就論到有關祈禱的課題。

經過多番的講道與講座後，大致已將所思索過的整理出一個脈絡來；又因如今正苦苦思考「俗世聖徒」的題目，覺著後者也與祈禱有若干關係，故決定將前面提到的一堆思想材料與成果整理，撰寫成如今這本小書。

不算甚麼嚴肅作品（才智所限、脾性也不近），卻單是執筆也耗去了近一個月。自從承擔了「基督教與中國文化研究中心」的工作以來，讀書生涯頗受干擾，學業荒廢，思想也覺遲緩了，這是我深以爲憂，必須戒愼恐懼的。

在此謹答謝基道出版社的總編輯張小鳴先生，他的威逼利誘、婉轉陳辭，是策勵我不輟寫作的一大動力。「文化中心」的同工邢福增先生與韓建軍先生，在我閉門讀書以至耽擱了正業的期間，恆久忍耐、又有恩慈，是我心深銘感的。當然還有我的妻子柳萍，一切我所做的，都是她與我聯合努力的成果。

一九九四年十月十日

第一章
簡單的祈禱

祈禱不是一個複雜深奧的屬靈作業。

上帝的因素難以掌握

我常有這樣的感覺：祈禱是一個極不容易討論的課題，可資游刃的空間不大。

它之所以不容易討論，是因爲就簡單的定義言，祈禱是人與上帝的溝通，人向上帝說話。從人在說話此人肉眼可見的現象看，祈禱是不折不扣的人的行爲。但是，對祈禱者而言，祈禱卻絕不僅是人在自說自話，也並非人對上帝的獨白，而是人在祈禱中與上帝對話，故此是雙軌的交流：人將他的心思意念告訴上帝，又諦聽上帝藉聖靈在他心裏的啟迪與引導。由於祈禱是對話，所以便不能單以人的行爲視之，畢竟已有上帝的因素添上去了。

因著祈禱不僅是人的行爲，包涵了上帝的

因素，故此是難用人的理性與言語所能窮究的。沒有人可以完全認識上帝，了解祂對人的祈禱的所有反應，並且預計祂在人作某項籲請後該有甚麼回覆。祈禱是向上敞開，無法盡爲人所控制的，因爲我們祈禱的對象是一位自在自主、有位格的上帝。

當然，也不能說人對上帝如何回應祈禱完全無知，至少有兩個途徑是人可以一窺上帝的態度的。其一是在聖經裏，看看上帝曾怎樣回應人的祈禱，祂應允了甚麼人的請求，又拒絕了某些人的苛索。這些聖經記述，足以讓我們揣摩到上帝處置人的祈禱的一貫態度，並建立若干一般性的原則。但是，由於我們既不能確定聖經所載的是否已爲上帝各種可能的回應的總匯，亦無由論斷這些記載不單是純粹的歷史敍述，卻是會重複發生的樣板範例；故此，我們也無法僅僅藉著對聖經人物的祈禱經驗的研讀，來建立任何明晰的祈禱指引，更遑論落實至具體的處境去了。再者，這樣的論述的最大困難是：聖經是上帝親自默示寫成的，故當然可以用全知的手法，將上帝的心意、態度，甚至在天廷裏的爭辯，都一併和盤托出，絕無歧義，亦不懸疑；惟是作爲凡人的我們，活在這個有限視界的時空裏，儘管與上帝有再親昵的關係，似乎也不可能在祈禱之餘，尚窺探出上帝如何諦聽、有何感受，以至將會怎樣回應吧。人的實際生活場景與聖經描述的情況顯然並不一樣。

研讀亞伯拉罕爲所多瑪城百姓的性命與上帝討價還價的故事是感人的，但我從來沒有試過與上帝如此緊湊地爭辯，一問一答地交流意見。要是上帝直接與我說話，天降綸音，恐怕我便已受寵若驚，難以自持了。同樣地，知道上帝在天廷與撒但作交易，才致令約伯受苦，並且上帝爲考驗他的信心的緣故，掩耳不肯垂聽他苦苦的哀求，頂多令我了解人受苦及祈禱不蒙垂聽的其中一個可能的原因，對我面對跟前的困苦，及祈禱多時卻全無回音，卻不見得有任何幫助。難道我又猜想上帝正用我的信心來與撒但角力嗎？

另一個可供我們討論上帝對人祈禱的回應方法，是整理並詮釋聖經裏有關祈禱的教導及應許，諸如耶穌基督在登山寶訓裏的講論。不過，雖然聖經裏關乎祈禱的經文甚多，但就其內容言，卻既不深奧，也不夠多樣化，來來去去都是呼籲人多向上帝祈禱，向人保證上帝必會垂聽禱告，及應許出於上帝心意的祈禱必蒙垂聽等。當然我們可以將話題擴大，討論三一上帝（特別是聖子與聖靈）在人的祈禱中扮演的角色，但這已牽涉到所謂祈禱神學（包括聖經與系統神學）的範圍，變成有關祈禱的研究，而非對祈禱本身的論述了。（對祈禱的聖經及歷史神學的講論，就我所接觸過的，最有系統的是 D.A. Carson 編：*Teach Us to Pray: Prayer in the Bible and the World* [Grand Rapids: Baker, 1990]。）

以上兩個途徑可以讓我們一窺上帝在祈禱中的態度與回應，但卻無法予以窮盡的探討，**畢竟上帝是最大的變數，祂是無法被人還原爲若干屬靈的定律，敎人有效地控制，並據此行事以求達致預期的後果的。**

定位在人的作爲之上

要是我們難以充分駕馭上帝這個因素，那對祈禱的論述，便只能較多地集中在人的作爲的部分了，因爲人的行爲與想法，至少是我們能有效地理解的。作爲人間的活動，祈禱可資討論的包括祈禱的態度、形式、內容、祈禱對人的屬靈氣質的塑造，以及個人祈禱經驗的分享。我發現，坊間對祈禱的討論，雖然沒有明說，大都是將祈禱定位爲人的一種屬靈作業，然後分析如何使這個屬靈作業變得更多樣化、更枝葉茂繁，也更易獲得奮興靈性、强化經歷的效果。

必須承認，將祈禱（以至其他神學課題）

定位在人的作為之上，是無可厚非的。神學論述的困難處，正在於其論述的對象——上帝，本身是超越了人的認知範圍的。人是人，人不是上帝。人對上帝惟一的認識，亦僅為上帝是上帝，上帝不是人。人無法就其自身或世間的事物，推論出上帝的模樣來；一切將上帝與人間事物或人自己作類比的做法，要非陷入如中國儒家所提倡的「天人一貫」的一元論的錯謬裏，就是貶低了上帝的絕對神性，及將萬有神聖化（換言之，是使上帝淪為「偶像」，及使受造物升格為偶像）。上帝與人有本質、而非僅是數量上的差異，受造物的人無法就他所處的有限時空，憑藉其有限的智慧，參悟上帝的奧祕。這個「不能」，並非僅是因著人的犯罪使其在關係上與上帝隔絕，或在認知能力上受罪的虧損（否則，人在成為基督徒後，便可在若干程度上修補此能力了），卻是源自人的受造性。創世記第三章記述的，正是始祖不甘於接納受造物的不能，妄圖高攀至上帝分辨善惡的境界，結果悖逆上帝、觸犯天條。所以，是人的不情願接受無知無能的事實，才教他犯罪墮落，而不是因人犯罪墮落了，才變得無知無能。

當然人並不等同花木草石、飛禽走獸，他不僅是眾多受造物的其中一種，卻是特殊的、與別不同的，上帝使人能夠與祂溝通，及向祂負責任，故此上帝主動向人說話，人也能明白上帝的說話，及據此作出回應。上帝的說話（祂的作為、祂的啟示）成了人得以論述上帝的基本條件，因為上帝說話了，並且在說話中講論了祂是誰、祂為我們做了甚麼，故人得以明瞭上帝的屬性與行為，又確信這個理解是有效而合法的。不過，上帝的啟示雖然是人得以有效論述上帝的條件，卻也同時成了人論述上帝的合法範圍的界線，人必須自覺將對上帝的言說局限在回應上帝的啟示的範圍內，使神學討論限於回應性的。超逾上帝啟示的範圍，人仍是無知與無能的，而任何逾分的論述也同樣只會貶低上帝的神性，及將萬有神聖化。**人必須滿足於討論內容有限的啟示的上帝 (revealed God) 的部分，而不涉入那相信範圍更遼闊的隱祕的上帝 (hidden God) 的部分，只有前者才是嚴格意義的「神學」，後者則僅屬於宗教哲學的玄想空論了**。

因著人無法全面認識上帝在祈禱中如何與人溝通，及如何回應人的祈禱，便將焦點集中在人如何與上帝溝通之上。祈禱縱是人與上帝的對話而非人的獨白，在討論祈禱時也只好當作獨白來處理。當然，我在下文也將指出，這些祈禱講述的問題（如果有的話），也正在於它們把祈禱由人與上帝的對話淪為人的獨白。

注重祈禱的形式

一個頗為普遍的現象：那些將祈禱看為人的作為的有關討論，幾乎都將主要篇幅放在分析祈禱的不同形式的方面，並且不可避免地將祈禱此屬靈作業變得複雜化。

就祈禱的形式的討論，最簡單、也最為一般福音派信徒接納的，便是將祈禱的內容分類。譬如有學者便主張祈禱有十二步，包括讚美、等候、認罪、以經文禱告、警覺、代求、個人請求、感恩、歌頌、默想、聆聽、讚美（以讚美始，以讚美終）等。一個完備的禱告，包含了此十二項內容，基督徒應該在靈修時按序完成，以豐富其禱告生活。奧吉威 (L.J. Ogilvie) 提出有果效禱告的八個步驟，包括讚美、認罪、感謝、交託、默想、代求、自求與獻身（《强有力的禱告》，王偉强等譯〔台北：大光書房，1986〕，頁 19 ～ 32），大致也是相同的思路。

（事實上大多數神學詞典對祈禱的介紹，都是由內容分類入手的。如 A. Michael Ramsey 的論述，*The Westminster Dictionary of Christian Spirituality*, G.S. Wakefield 編 [Philadelphia: Westminster Press, 1983] , 頁 307 ～ 313; *The Concise*

Dictionary of the Christian Tradition, J.D. Douglas 等編［Grand Rapids: Zondervan Publishing House, 1989］, 頁 301。）

這種處理手法的好處是擴闊了人對祈禱的認識，使他不致將祈禱完全局限在個人需要的祈求上；並且藉著學習讚美和祈求，讓人開廣其屬靈視界，將關懷的重心由自己推展至上帝及他人之上。但是，**它的危機卻是使祈禱變得形式化，甚至誘導人追求一個完美全備的祈禱形式，而失卻了祈禱的內核：與上帝建立關係**。這也許便是傅士德 (R.J. Foster) 在編排與撰寫他的《禱告眞諦》（香港：基道出版社，1993）所注意到的。他在引論部分，強調他所要討論的不是禱告的方法和技術，而是關乎一種愛的關係，就是人在祈禱中與上帝的溝通與交融（頁 3）。因應著這個目標，他小心翼翼地將祈禱分爲向內、向上及向外三個方向的移動，就是藉禱告去改造自己、與上帝建立深度的關係，以及確認我們對外在世界的服事。雖然他也就禱告的內容、態度和表現細分爲二十一種，構成全書的二十一章，但是，這卻不表示有二十一種不同性質的祈禱，而僅是描述在同一個禱告的運動中不同面相的特徵與內心的感受，正如他在序言所說的，爲同一個禱告作不同的定名。

空洞的讚美

我可以承認祈禱就內容或祈求項目言，可以區分爲讚美、感恩、認罪、祈求、代求等五項、七項或九項（看你如何分類），但卻不認爲在每一個私禱中，我們都必須將此等不同項目納進去，更不同意如某些人貌似敬虔的主張：祈禱要非以讚美開始，就是竊奪了上帝的榮耀，亦將人的個人關懷凌越於對上帝的愛慕之上。**我卻是相信，祈禱永遠是從人當下的感受和需要開始的，一切繞過人的眞實感受和需要的做法，只會導致祈禱變得虛僞與空洞。**

從我的個人經歷與觀察而言，讚美禱告在芸芸衆項目中，的確是最空洞、也最易變得虛僞的。至今我尚無法準確透析讚美與感恩的分野，要是我爲所處而覺著美麗的宇宙讚美上帝，那我是對祂爲我及他人的美善作爲感恩；要是我爲新的一天所有新鮮與喜悅的感覺讚美上帝，那我是爲上帝造就一個蒙福的我而感激之情滿溢，讚美與感恩於此都是分不開的。有人曾主張，感恩是圍繞上帝的作爲，是關乎上帝爲人作的事及那位爲人作事的上帝 (God-for-Us)；而讚美則是環繞上帝的屬性，亦即僅屬於上帝自身而無關其作爲的性格 (God-in-Himself)。這說法是胡說八道的。人如何能離開上帝的具體作爲而認識或探索上帝的屬性？聖經也從來沒有繞過上帝對世界的作爲（創造、護理、救贖）來直接描述上帝自身、永恆的屬性。正如卜仁納 (Emil Brunner) 在他的系統神學巨著 *The Christian Doctrine of God, Dogmatics*, vol.1 （O. Wyon 譯。London: Lutterworth Press, 1949）所揭示的，聖經沒有爲我們介紹一位與人無關、純粹形上的、概念的上帝，好滿足我們純理性的好奇心；卻是劈頭便敍述上帝在宇宙及人類歷史裏的作爲，並在祂的作爲中讓我們窺見祂的屬性。所以，聖經裏一切上帝屬性的描述，都是由祂的作爲歸納出來及證明得的，也都是動態而非靜態的。聖經從來沒有說上帝是全能（omnipotence；譬如問「上帝能否造一塊祂搬不動的石頭」），卻說上帝是無所不能（almighty；中文繙譯無法供人識別出此二詞的分別）；同樣地，聖經也不說上帝是遍在 (omnipresence) 或全知 (omniscience)，而說上帝在宇宙與人類歷史中無所不在、無所不知。聖經既然只向人敍述上帝的作爲，並藉著祂的作爲與人建立關係，教人認識祂，則人惟一合法對上帝的認識，也便是藉著祂的作爲了。因此，我看不出人有做與上帝的作爲無關的讚美祈禱的可能。

翻破全本聖經，包括祈禱典範的一百五十

篇詩篇，我都找不出純粹讚美的祈禱文。事實上，猶太人不同希臘人，是一個非常務實的民族，關懷現世與歷史，拙於哲思玄想，他們對上帝的理解與服事，也同樣是具體實在的。他們爲宇宙的偉大讚美與感恩，爲上帝在歷史中對他們的救贖讚美與感恩，卻不會單純爲全知、全能、全善等概念而向上帝發出讚美。從舊約的記述裏，我們甚至見不到他們會如同我們慣常做的，爲自己有呼吸（甚麼「生命氣息」）來感謝，他們只會世俗化地搬出五穀、新酒和油，指著眼前具體的恩典來向上帝歌頌。

眞的，爲了勉强將讚美與感恩分開，我們就不得不將所謂讚美禱告空洞化，最常見的做法有二：一是堆砌詞彙，以難明其指涉內容的形容詞、平行句來充塞，中文是最容易爲人玩這樣的語言遊戲的，可以說上半天還是言之無物，當然文學素養不佳、詞彙不足的人便吃大虧了；二是拚命重複聖經的金句，以現成的說話來代替人發自內心的傾訴，於是祈禱就變成背金句，或編輯整理好的金句集。

用經文祈禱

我曾聽人如此主張過，用聖經的金句來祈禱是最好的做法，因爲人的語言有限，也不會比上帝自身的說話完美，故此，用人間最完美的說話（即聖經金句）來向上帝祈禱，便是最好不過的事了。這個說法實在似是而非。到底上帝期望我們如何向祂祈禱：是鋪張句子、堆砌言辭，以華美的現成套詞濫語向祂誇讚（像昔日的駢文八股文那樣子）；抑或是拙口笨舌、不經修飾地對祂傾訴小孩子般的童話？若上帝是活著的、有位格的上帝，祂會喜歡諦聽一個初信者結結巴巴的、說沒兩句便激動得哭出來的祈禱，還是出口成文、口若懸河，每句必有典的空言濫語？與上帝將心比心也許不對，但由衷地我不喜歡兒子擬好一篇四六體的說辭才向我說話，我會大喝一聲：「少放屁，有話直說。」

套用經文的句子來綴補我們的禱文的做法，與自四、五世紀開始在修道院流行的「禱讀法」(*Lectio Divina*) 並無直接關係。所謂「禱讀法」，是在讀經時專注於一篇經文，不斷重複將句子念誦，直至個人全然投入該句經文中，好讓念誦者穿透經文，與說此段話的上帝直接溝通，然後再在其中發現此段經文對個人的具體要求與啟迪。這是一種介乎讀經與祈禱之間的屬靈操練方法，它不算是讀經，因爲它不要求人用悟性去理解經文的含義，將意思從經文中抽出來，反倒期望我們投入經文中，並最終突破經文此媒介而與上帝作眞實的對話。它也不算是祈禱，因爲它在外觀上是誦讀固定的經文，而非自由的表達；是强逼自己專注諦聽上帝藉經文的說話，藉此發現上帝的同在，而不是人向上帝說話。後來靈修神學家爲了界定祈禱與禱讀的關係，乃將靈修的操練分爲四個階段：禱讀(*lectio*, 就此字本身可以指讀經，但多數便是用在禱讀之上)、默想(*meditatio*)、祈禱(*oratio*)及冥想(*contemplatio*)。如此，禱讀便是進入祈禱的一個預備性的操練，而非狹義的祈禱本身。

禱讀是否更正教能無條件接受的一種靈修操練的形式，並非這裏的討論重心。我要指出的是，**中世紀的禱讀法並不能用來支持用經文祈禱的做法，兩者是風馬牛不相及的。從原則上說，我反對背誦經撰寫好的禱文來作爲祈禱的方法，因爲這破壞了祈禱的即興性與自發性，並且扼殺其原來作爲人與上帝對話的基本性質，即使背誦的是經文而非人的撰述，也不例外。**

率眞的禱告

我當然不反對在禱告中向上帝讚美，更不反對藉著對上帝的讚美而使個人的關懷由自我中心變作以上帝爲中心；但卻反對爲保持讚美與感恩的分野，或為編造所謂純粹的讚美文的緣故，而使祈禱變得形式主義，既虛偽又空洞的做法。

正如前文所說的，我們無法避免將祈禱的討論焦點集中在人的作為部分；但是，祈禱的本質卻並非僅是人的作為，而是人與上帝的溝通，及藉此促進關係的建立。若祈禱僅是人的作為，那我們特別注重此作為的形式，彷如品評人的文章般，比較怎樣的表達方法最平衡對稱，怎樣的造詞遣句最優美動人，便是無可厚非的；我們也有理由要求初學作文的人多參考摹臨別人的模範文章，偷取《唐詩三百首》的佳句，多用成語諺語典故比喻，好裝飾自己粗陋樸素的文字。但是設若祈禱是人向活著的上帝、那位他稱為阿爸父的上帝說話，上帝的因素加了在人的祈禱中，則我看不出除了坦誠的傾心吐意，將心底裏的感受和需求向上帝陳訴外，尚需關注甚麼形式、結構等枝節問題。

祈禱是沒有技巧可言的，任何會說話、視上帝為上帝的人，都可以自然又自由地祈禱，不拘長短、不論形式，也無規限內容，總之懷著敬畏與誠懇的心，開口訴說便可。這樣簡單的祈禱，連我幾歲大的孩子都懂得；而我深信，沒有任何成年人的祈禱，會較我的孩子率直真誠的祈禱更蒙上帝悅納，上帝期待的正是這樣的禱告。

言不由衷的讚美，勉强砌辭的讚美，就不如不讚美。我最怕踫著的情況是一個人正處於哀慟或憤怒中，卻淌著淚或握著腕的開聲讚美與感謝上帝。我完全不欣賞這種所謂超凡的信心，只體會到僵化的信仰可以如何扭曲現實、踐踏人性。

冥想與上帝契合

另一種將祈禱此屬靈作業複雜化的做法，是將祈禱視作人追求與上帝聯合的手段；就是說，祈禱不單是人與上帝談話，更是人與上帝建立深度的、神祕的關係的獨特途徑。藉著祈禱此靈裏階梯，人逐漸往上攀升，直到某一個地步，在上帝的恩典下與祂聯合。

明顯地，這是一個特殊的（起碼對更正教的信徒言）對祈禱的理解。祈禱非僅是人開口向一位已在他跟前的上帝說話，傾訴他心裏的所想所求，並諦聽上帝的心意；卻是人要尋索那位隱密的上帝，及預備好自己，使最終與祂神祕性的契合的一種手段。如此，祈禱主要不是說話，而是冥想(contemplation)。馮・巴爾薩澤(H.U. von Balthasar)那本論祈禱的名著，探討的乃完全與我們理解一般意義的祈禱無關的冥想（Hans Urs von Balthasar, *Prayer*〔G.

Harrison 譯。San Francisco: Ignatius Press, 1986〕)。對神祕主義者言，冥想就是祈禱，且是最深層意義的祈禱，這是我們在閱讀他們的著作時所應注意到的。

甚麼是冥想？縱然不同的神祕主義者曾作過不同的定義，但最基本的是指人的一種屬靈作業，要求人的思想高度專注，且集中在某一點之上，然後保持靜止狀態。它不同於默想(meditation)。默想是人主動的思想，並且有清晰的思想對象或媒介，譬如說人反省某個聖經章節、教義眞理或人生經歷；在反省的過程中，人使用詞語或概念，並無可避免地會作邏輯推理或自由聯想，直至對該聖經章節或教義眞理等有透徹的理解，並發現此認識對個人生命的特殊意義，使自己能立志、認信或踐行。但冥想則拒絕一切（包括聖經在內）的媒介，亦排斥所有詞語、概念或邏輯性的思想，認爲此等思想活動對尋求與上帝契合是一個障礙；冥想者只須專注在上帝或其屬性之上，頂多以最簡單而又重複的言語來表達對上帝的愛慕、期盼與信靠，使自己安靜專注。所以，冥想是不活動的祈禱。

爲甚麼冥想者反對活動呢？因爲他們相信，人的言語和作爲常常是妨礙他們聆聽上帝的聲音，也攔阻上帝在他們身上的作爲的。人的活動愈多，上帝所能有的活動（或人能經歷到上帝的活動）便愈少。故此，祈禱若是人與上帝溝通，並藉此與祂契合的途徑，則人需努力使自己在此途徑中不作活動，好讓上帝能更自由地活動。十六世紀西班牙的神祕主義者大德蘭（Teresa of Avila, 迦密修會）曾用過以下廣爲人傳誦的比喻：祈禱就像澆灌花園，有不同的方式：第一種是從井裏打水，一桶一桶地澆，這方式很費力，使人勞累；第二種是用水車澆，不管用手搖抑或腳踏，均較省力，且效果更佳；第三種是引河水或溪水來灌溉，這樣澆得更好，也省去人許多工作；最後一種是天降甘霖，人甚麼都不用作，效果也最完美。大德蘭認爲，祈禱者也應該學習由主動的祈禱進至被動的祈禱，由活動變作不活動。（Teresa of Avila, *The Life of Teresa of Jesus: The Autobiography of St. Teresa of Avila* [E.A. Peers 譯。N.Y.: Image Books, 1960], 十一至二十章。）

神祕主義者既將祈禱（廣義的，包括冥想在內）視作人的靈魂歸向上帝的歷程，自然將此歷程分成不同階段。如大德蘭便把祈禱的旅程視作攀爬一幢七層的樓房，分爲七個階段：第一層是人尋求在上帝跟前的自我實現，包括發掘靈魂裏的美善處；第二層是記憶性的祈禱(prayer of recollection)，人反省上帝的性格，及人如何在上帝跟前降服；第三層則是人在祈禱中發掘他所能夠在倫理及信仰上所行的善，仍不外是自我中心的表現，人無法達到上帝的要求。經過此三個預備性的階段後，人開始進入冥想祈禱了。第四層是人學習在上帝面前靜默，努力克服干擾冥想的諸因素，並安靜等候上帝；第五層乃人初嘗與上帝的契合，進入一個無法言喻、也不能被分析的屬靈境界；第六層則是人進入更深層的與上帝的關係，人學習戰勝外在的試煉、輕視自我與世界、敏銳於上帝的聲音，以至被上帝提升人的靈魂(rapture)；最後一層是屬靈的頂峯，人的生命被徹底改造，人的靈魂與上帝緊密相連（她稱之為屬靈的契合〔spiritual union〕）。（詳參Teresa of Avila, *Interior Castle* ［E.A. Peers 譯。N.Y.: Image Books, 1961］.）

祈禱於此涵括了信徒的一生，成為追求與上帝契合此至高理想的不二法門。

作為一個改革宗的信徒，我完全拒絕人有與上帝契合的可能。人無法就自己的能力作操練，致使自己的腳離地一厘米，只能立足在地上，藉對「惟獨恩典、惟獨信心」的認信與經歷而生活。與馮・巴爾薩澤等天主教徒的主張截然不同的是，我並不認為除上帝顯明的啟示（聖經）外，人尚可以在自然界或靈魂(innermost self)中發現上帝，而教會、聖禮、馬利亞……統統不是在聖經以外上帝的道的寄寓處（他所謂的 Word's indwelling, 前引書，頁 28）。更者，人雖然爲上帝按祂的形象所造，卻絕無證據顯示人的靈魂因此便與上帝同質同源，這種「天人一貫」的想法絕非希伯來人的信仰，卻僅是借用柏拉圖主義「靈魂先存論」的異教主張（多瑪斯主義[Thomism]的本體類比論[analogia entis]並非合理的假設，巴特〔K. Barth〕對此已作了透徹的批判）；故此，**人向內心世界的探索無任何保證必會與上帝相遇，上帝的眞理亦不會自然地座落在人心，成爲原本已備的內在眞理 (innermost truth)**。**冥想作爲一種屬靈作業是沒有堅實的聖經基礎的**。

此外，聖經也從來沒有鼓勵我們尋求某種出神（ecstasy；根據僞狄尼修[Pseudo-Dionysius]的說法，出神不單是教人放棄所有感官經驗，更進而放棄所有宗教知識與經驗）或與上帝神祕性契合的屬靈經驗。靠著上帝特殊的恩典，人也許可以獲得如保羅所述的那種「三重天」的經歷，但這是例外的、非人刻意追求而得（更遑論人有任何獲得此經驗的內在條件與外在技巧了），亦非人人都必須擁有，保羅甚至說他連提也不願呢（林後十二1～

10）。聖經既不認為人可以、又不主張人追求與上帝聯合，卻只鼓勵我們與基督聯合，此聯合也僅限於作為人的基督，而不是神性的聖子呢！

近數年來，華人教會不斷有人提倡引入中世紀神祕主義的屬靈操練模式，認為這樣可以修正改教運動的缺失（？），豐富更正教貧乏的屬靈神學，更新信徒暮氣沈沈的屬靈景況，這是頗值得關注、也教人憂慮的趨勢。我並非全盤抹殺二千年教會不同的屬靈傳統及所創造豐富的遺產的價值，但卻認為在集採百家之言以前，必須先對自身的傳統有充分的了解，才好判別甚麼需要、或可以移植。

輸入天主教的屬靈操練模式

返回祈禱的課題。那些主張引入冥想祈禱，並視之為祈禱最高級的形式的人，不經意地便將祈禱分為幾個不同的形式，並且注入各各的價值比評。譬如從神祕主義的角度看，人的不活動比活動為佳，那麼開聲祈禱 (vocal prayer) 便是最低級、最原始的祈禱形式了；較優的是用思想祈禱 (mental prayer)，亦即是我們慣常稱為「默禱」的，至少言語可省略了。但是，思想祈禱也還是需要用概念與邏輯思維，所以再高級的是靜默祈禱（套用大德蘭的說法，稱爲 prayer of quiet ），靈魂完全靜止不動，容讓上帝在人心裏自由運動，人只是被動地享受在生命裏的作爲與引發的感受。而最高級的，自然便是冥想祈禱 (contemplative prayer) 了，人與上帝完全合一，水乳交融，不單談不上任何人的活動，連人與上帝的界線也不再分得清呢。

雖然我至今尚未看到任何華人更正教徒公然貶低開聲祈禱的價值；但他們致力推介的所謂「靜修」，就是從安靜、退隱，疏離現實世界，放棄活動，專注於內心的探索，進至學習冥想祈禱（天主教一般譯作「默觀祈禱」），好在心靈深處與上帝密契共融，基本上仍是重複神祕主義者的老調。並且，他們也視與上帝神祕性的契合 (mystical union) 爲屬靈操練的至高目標，又將冥想祈禱置放在所有禱告的形式之上。

倘若從知識的介紹，及使信徒的禱告生活較多元化的角度考慮，我並不反對靈修神學家推介本篤會、耶穌會、迦密會或其他天主教、東正教修會的祈禱/屬靈操練模式。我並不視天主教與東正教爲異端，也不抗拒一般意義的「三人行，必有我師」的想法，從別的傳統裏學習，兼長補短。但是，**我卻無法接受那種剪貼或拼湊式的神學整合工作，即盲目任意輸入**

別的傳統的某些技巧與方法，而無視該等方法背後的神學觀念與咱家傳統的嚴重差距的做法。這種做法，除了使屬靈作業與教會生活淺薄化，割斷了其背後的神學基礎外，長遠地也會搖撼自己的傳統，自毀長城；因爲隨意移入異傳統的因素，而又不作嚴肅的神學整合，將使此等外來因素破壞了既有傳統的穩定性與一貫性。

就以近年香港教會鬧哄哄的屬靈操練熱潮爲例吧。事實上，除卻三數位學者（如溫偉耀、蔡貴恆、陳劍光……）刻意輸入天主教的神修模式外，其餘附議者根本便對該等神修模式，及其與更正教的屬靈傳統的異同不甚了了；他們或是覺著咱家的傳統有乏力呆滯的弊象，或是認定多抄襲別的模式也非壞事，反正可以深化信徒的靈修生活。如此，大多數推動屬靈操練運動的人，都是從使屬靈操練多元化的角度考慮，視冥想祈禱爲開聲祈禱以外的另一種祈禱形式，可供信徒任意選擇，做膩了這個便試那個，從來不計較冥想及冥想追求的與上帝契合是否合法的更正教思想，或是否可經「洗禮」後拼入更正教之神學系統內。一切都是方法與形式而已，管他甚麼背後的神學理據！（說句題外話，那些鼓吹「崇拜更新」的人，所做的也幾盡如此：路德宗的三代經題拼入聖公會的跪領聖餐，再植入自由崇拜傳統的崇拜之內。講台可以擺來擺去，今天放在中間，明天則讓位給聖餐桌，或置個祭壇點上洋燭……一切不外編排形式與程序，管他甚麼崇拜神學。而從編排形式的角度看，當然如電視節目般，愈多樣化愈好。）

尤其荒謬的是，這些「只求就手，不管根由」的屬靈操練運動的推動者，幾乎都是從實用主義的角度出發，來對不同傳統的模式作取捨評鑑。他們無疑深切經歷到現實的需要，譬如現代信徒生活忙碌、身心疲倦、迷失方向、事奉乏力等，於是乎便打出「亂中尋序、靜中得力」的口號來，說甚麼聖經裏耶穌也教導我們要休息啦，所以靜修就是從急速的生活節奏退下來，透過上帝的角度去看問題（參《時代論壇》345 期［1994 年 4 月 10 日］的訪問報道）。但問題是，安息、休息與冥想祈禱有甚麼關連？更正教傳統的屬靈操練已無法教人安靜與休息了嗎？輸入天主教的屬靈操練模式便可以解決在現代社會中作屬靈人的衆多困難？他們也許會抗辯說，並無刻意主動地推介天主教的屬靈模式；但是不分皂白地將各種概念（包括對他們而言可能有不同含義的「冥想祈禱」）混在一起，又不將他們的眞實立場與別的傳統區分出來的做法，仍很難使他們開脫推銷冥想祈禱的嫌疑。（倘若我們不善忘的話，在不數年前，也是同一批人基於同一個實用主義的心理，推銷第三波靈恩運動。我曾發表過一篇文章分析此現象，參見〈附錄〉。）

在此必須鄭重指出：冥想祈禱並非僅是另一種形式的祈禱，而是與開聲祈禱在觀念上有重大分歧的禱告模式。事實上，與福音信仰相比較，神祕主義者對祈禱的目標、祈禱生活的建立，以至「祈禱」一詞的定義，都有不同的理解，不能隨意混為一談。（詳參 D.G. Bloesch, *The Crisis of Piety: Essays Towards a Theology of the Christian Life* [Grand Rapids: Eerdmans, 1968], 特別是第七章。）

沒有更高形式的禱告

對一般的信徒而言，也許神學上的分歧不是他們覺察得到的，亦非他們關懷的重點。但是，向他們鼓吹學習冥想祈禱或其他祈禱/屬靈操練模式，並在有意無意間對不同的祈禱形式注入價值判斷，便也產生了一個重要的流弊：將祈禱複雜化。

正如我在〈求主教導我們禱告〉一文所指出的，聖經從來沒有任何祈禱形式與技巧的教導，亦沒有提過某種祈禱的形式較諸其他形式為高級，可以讓人與上帝更親近、更觸摸到祂的心意。耶穌讚賞那個稅吏的禱告，只是簡單的「上帝啊，開恩可憐我這個罪人！」（路十八13）既沒有將讚美上帝的屬性擺在前頭，也不外乎原始的開聲禱告。從舊約的列祖、先知到新約的使徒，我們都找不到任何一位具有神秘主義者(mystic)的性格，並且追求冥想祈禱、與上帝神秘性地契合的。從耶穌一生、祂對門徒的教訓，以至使徒們的教導裏，我們也看不到任何有關「祈禱」一詞的記述或講論，不是指著用言語或思想來主動向上帝說話的。祈禱是人與上帝對話，故聖經也要求我們在說話之餘，安靜諦聽上帝的回應，專心仰望等候，但這與冥想祈禱完全是兩碼子的事。**無論如何，我們有理由宣稱：用言語與概念開聲祈禱或默禱，是最符合聖經、符合上帝要求、最神聖、也完全自足的禱告方法。能夠坦率地向上帝開口呼求，已是最屬靈的祈禱方法了，毋須追求所謂更高級的技巧**，也不要指望這些技巧可以讓我們更了解上帝的心意，更有效地將我們的意念傳送至上帝手裏。

祈禱的心愈簡單愈好，祈禱的形式也是愈簡單直接愈好，千萬不要將祈禱弄得迂迴曲折、架牀疊屋。要是我們將祈禱此屬靈作業無限複雜化，變作一個需要長久學習、艱苦經營的專業技巧，並且又爲那些複雜化的技巧賦予僞屬靈價值；則不可避免地，我們便把上帝推離身邊，放逐至人間、甚至凡人能力所及處（七寶樓台吧！）之外，只有極少數靈力充沛，擁有高超屬靈深度與祈禱技巧的人才可企及，凡夫俗子的我們，既不能進入至聖所（聖文德[Bonaventure]的屬靈頂峯的意象），便只好在聖殿的圍牆外哀哭切齒了。祈禱一旦變得「卓越化」（這是僞神學最可惡的一種）與專業化，便成爲非人人能作，且立時可就、立地便達的屬靈作業了。

我相信，法利賽人的祈禱知識與技巧，必然較耶穌教導門徒那個既簡樸又拙劣的〈主禱文〉更爲優勝（日後靈修神學家將〈主禱文〉小事化大、複雜化與概念化，不算其內），起碼在關懷的層面更廣闊、意境更高超、用詞更華麗。但是，只有如小孩子般單純的人才能到耶穌的跟前去，祂所呼召的也只是既無抽象思維訓練也不懂得經營內心天地的愚夫愚婦。信靠基督，而非信靠自己的祈禱技巧；認定若非上帝願意俯就卑微的人，垂聽我們的祈禱，則任憑我們的靈力再强勁，再會攀爬七重寶塔，也無法把電波傳送至上帝那裏去。

不要把屬靈操練複雜化，也不要把祈禱複雜化。鍛練願意不住禱告的心志，卻不要尋找高級的祈禱技巧。祈禱不是一個複雜的屬靈作業。

「所以，你們禱告要這樣說：我們在天上的父……」

祈禱不是工作

根本上說，我反對那些視祈禱爲人的工作的說法。不管我們將「工作」一詞定義得有多寬鬆，既爲工作，就必定有工作的程序與預期達致的果效。但是，**祈禱卻並不要講究甚麼程序與技巧，也沒有任何可預期的後果，此兩者在祈禱中均不重要；因爲祈禱不是工作，而是人與上帝溝通和分享，人在祈禱中向上帝說話**。

沒有人將談話看成爲工作（除非他們靠說話謀生，諸如教師、輔導員、推銷者……）。與妻子兒女聊了半天，我們不會說「工作了半天」，跟朋友鬧了一個晚上，更只能看爲娛樂而不是工作，因爲身心皆暢快無比嘛。同樣地，人與上帝的談話，彼此傾訴心中的意念，增進雙方的感情，達致更深度的認識與共鳴，也不能看待爲工作，只算是關係的建立。

過分視祈禱爲人的工作或某項屬靈作爲，很容易便教我們陷墮至競逐更高級的形式、追求更具難度的技巧的錯謬去，忘卻祈禱乃旨在與上帝言情述意，故措辭用字愈樸素直接愈好，表達方法愈坦白率眞愈好。反正上帝並非某個「非人」的屬靈境界，非要人奮力攀爬無法企及，卻是一位在我們身旁、樂於與我們溝通的主；而我們之能夠接近祂，與我們具有任何先天的內在神聖本質，或後天艱苦努力全無關係，卻端在於祂主動的憐憫與恩典。上帝是離我們不遠的上帝，在祂沒有任何距離的分野，不管我們在旺角、九龍城等鬧市，抑或是在赤柱、長洲等靜修「聖地」，與上帝的接近程度完全一樣；不管我們用甚麼形式表白自己，用言語抑或思想抑或靜寂的冥想，對祂而言都是同樣地聽得清楚、充分理解的。

上帝在人的祈禱當中，並不僅是被動的聆聽者，祂也是那位主動的參與在我們的呼求與吶喊中的上帝。一方面，耶穌基督這位已升入高天尊榮的大祭司已站在天父面前爲我們祈求；另方面，聖靈作爲我們的保惠師，也內住在我們心中，用說不出來的歎息代我們祈求。所以奇妙的是，上帝旣是聆聽祈禱者，也是祈禱者。如此，我們又何須苦苦尋索一個更有效、更爲祂垂聽的祈禱方法呢？如同希伯來書的作者所言，面對著耶穌基督此位大祭司，「我們只管坦然無懼的來到施恩的寶座前，爲要得憐恤，蒙恩惠，作隨時的幫助。」（來四16）

視祈禱爲工作的另一個危機，便是教人追求工作的效率，計算工作後帶來的成果。簡括地說，人要證明「祈禱是有用的」。因爲甚少人會純粹視工作本身爲目的，爲工作而工作，卻多會視工作爲某個手段，促成其預計的後果。對祈禱者言，其預計的後果可能是祈求得蒙應允、心想事成；也可能是屬靈經歷的累增，甚至藉此與上帝神祕性的契合。兩者要求的目標或許有境界上的高下，但骨子裏還是同樣反映了實用主義的心態，對此我們留待第三章才予檢討。

無論如何，祈禱不是工作，而是在關係裏的說話，及說話中建立關係。

第二章
誠實的祈禱

祈禱不是扮個正義模樣向上帝說正義的話。

兩種祈禱的典型

路加福音十八章9至14節裏耶穌的教導，曾一度教我感到困惑費解。

耶穌講論到人在祈禱時應有的態度。這是一個重要的課題，因爲**若祈禱是人最基本的信仰生活內涵，是人與上帝溝通、建立關係的主要途徑，則祈禱的態度便反映了我們如何看自己、如何看上帝，及我們與上帝的關係。祈禱是人的屬靈觀念的顯示器。**

在這段經文裏，耶穌似乎提到兩種祈禱的態度：一種是法利賽人式的，另一種則是稅吏式的。

法利賽人式的祈禱是自信十足的，對自己

充滿肯定，甚至迹近自義。祈禱者相信自己活在上帝的旨意裏，並且切實遵行上帝的誡命，恭謹狷介至一絲不苟的地步。他的良心清潔，全無罪疚自責之意，反倒認定由於自己努力爲義，足可在上帝面前昂首站立，無虧也無愧地要求上帝償報他。法利賽人說：「上帝啊，我感謝祢，我不像別人……」

稅吏式的祈禱則是充滿著內疚與自責的，與前者恰好相反。祈禱者自知罪孽深重，連就前來親近上帝也不敢，只遠遠地站在聖殿的後方，垂首望地，惟恐他不潔的身體與眼神沾污了聖潔榮耀的上帝。他覺著一文不值，既無功德可誇，也說不上任何上帝該悅納他、應允他的祈禱的理由，因此只能囁嚅地向上帝說：「上帝啊，開恩可憐我這個罪人！」

由於這段經文只是耶穌所說的一個比喻，並非在現實生活裏出現過的人物，故此耶穌是把法利賽人與稅吏做爲兩個各走極端的典型，藉以說明祂要傳講的教訓。經文一開始便提到：「耶穌向那些仗著自己是義人，藐視別人的，設一個比喻，說……」那毋庸置疑地，故事針對的是法利賽人，耶穌批評他們無論在祈禱抑或生活任何一個場景裏，都爲自己的正義而大吹大擂、沾沾自喜，並且對比他們不如的人毫無憐憫接納之心，反倒肆意嘲弄踐踏，藉指責別人來抬高自己。耶穌非常憎嫌這樣自義的人，乃用這個比喻來責備他們。在比喻的結束時，祂指出上帝只悅納了稅吏的祈禱，並且使他由原來是不義的人一變為被稱義的，反倒法利賽人自義式的祈禱卻陷自己於不義了。耶穌的結論是：「因為，凡自高的，必降為卑；自卑的，必升為高。」

這個比喻針對的是法利賽人的自義及對人的藐視，祈禱只是表達他對自己及別人的態度的一個場景，故此嚴格地說，這比喻與祈禱本身並無直接的關係，反正法利賽人也不僅是在祈禱中才流露出這樣子的自義態度的。不過，由於故事採用了祈禱作為橋段，那我們仍得問：到底一個正確的祈禱的態度是怎樣的？若法利賽人與稅吏代表了兩種不同的祈禱的典型，那我們應該以哪一種為學效對象，又該如何學效它？

要是從法利賽人與稅吏兩種典型中二擇其一，那我想大部分基督徒（要非全部）都會毫不考慮地選上稅吏式的。連耶穌也責備的法利賽人，為甚麼還要選他呢？

坦誠與謙卑

但是，在念這段經文時，我卻有兩個問題盤繞心中，大惑不解。

第一、我們常假設稅吏是謙卑者的典型，就是人在上帝面前自卑，坦然承認自己所犯的罪行，並不僞裝，亦無隱藏。惟是對我而言，我只能同意比喻中的稅吏夠坦白，逕自招供，卻看不出他有甚麼謙卑，因爲他並沒有自謙自抑，把八分說成了十足，而是眞確地犯上許多罪孽，不折不扣，如假包換。在耶穌時代，男性的罪人莫過如稅吏，女性則莫過如妓女，兩者同是衆口同聲確認的罪人，連三歲的小孩子也不會質疑的。而若將稅吏與妓女相比較，妓女的墮落尙算是個人的事，與大多數敬虔自守的人無涉，但稅吏則是替侵略者的羅馬政府張目，爲虎作倀，並且榨取同胞的血汗，謀不義之財，他的犯罪便與大部分人有關了。別人對他鄙視與仇恨，甚至較妓女還烈，亦是合理不過的。故此，淪落至充當稅吏的人，覺著自己罪孽深重、罪無可恕，便不能算是德行上的謙卑，只好說有勇氣地面對個人的實況吧。就好像我去監獄佈道，從來不用費脣舌證明人是罪人，旣然給關進了牢房，絕大多數人便都不會自我欺騙說是好人了。

但就像我並不是監獄裏的囚犯，法利賽人可亦不是稅吏啊。法利賽人沒有犯上纍纍的罪行，恰好相反的是，他們謹愼言行，努力遵守上帝的律法至一點一劃的地步。如此，他們同樣坦白地向上帝陳述自己的正義，像稅吏的坦白一樣，又有甚麼不對呢，至少他們也爲所有的正義感謝上帝，並沒有將一切榮耀歸給自己啊。難道明明是做了好事，達到相當的成就，也要拚命地否定自己，踩個一文不值？基督徒是不是必須有極低的自我形象，對自己全無肯定，才算是謙卑的人，他的祈禱才蒙上帝悅納？

也許法利賽人不該鄙視那些比他們不好的人，但是與別人比較豈都是不當的事嗎？人畢竟是人，不是上帝，故不應拿我們與上帝比較，以致儘管我們再有好處，一與上帝並列便相形見絀；上帝若要我們與祂相比，便旣太抬舉我們，也太無理取鬧了。人所做的一切，總是只有相對的價值，故亦只能與人相比，若比較本身是不該的，則我們如何確定所有的相對價值到達甚麼地步呢？事實上，我們的祈禱豈不常是與別人相較，藉以確定我們蒙恩的地方嗎：「上帝啊，感謝祢讓我們有自由的空間（與人相較）來敬拜祢，感謝祢讓我們在生活裏一樣不缺，並且曉得向祢感恩還願（與人相較）……」

所以，**我在耶穌的比喻裏，只看到兩個人各自做眞誠的祈禱，一個坦白訴說自己的正義，另一個則坦白招認自己的不義。要非耶穌**

自行詮釋，將比喻的敎訓確定在謙卑與自誇之上，則單就比喻來看，我看不到它與謙卑與自誇有何關連。

稅吏式的法利賽人

第二，我再問自己，要是在現實生活中眞有一個像稅吏般的人在跟前，不停地否定自己的作爲與成就，只覺罪孽滿溢、不名一文，那我的反應是怎樣？我會由衷地欣賞他的謙卑，抑或視他爲行爲怪異？我給自己的答案是，要是對方誠實地恆常自我否定，那我便認爲他的情況算是一種病態，該找個心理輔導員來診治一下；要是對方並非心口如一的自我否定呢，那我對這樣口邊常掛著金句的人，根本就不假辭色，不理睬也不交往。誰能忍受一個出口成章的朋友呢。（不幸地，在教會圈子裏，碰到相類的人可還不少。）

因爲敎會已一貫地抬舉了稅吏，褒揚謙抑的行爲，那人人效法稅吏、力求謙抑，於是乎諷刺地，稅吏成了另一種形式的法利賽人，謙抑亦成了更深層次的自義。再好的德行，若是藉僞裝而得，而非眞實轉化，便都大幅貶值，甚至淪爲與該德行恰好相反的惡行——謙虛變成驕傲，至少是虛僞。

上帝果眞欣賞我們僞裝成稅吏的祈禱？這

果是惟一合乎上帝心意的祈禱的態度？

我必須指出，我們討論的範圍其實已超出了路加福音十八章9至14節耶穌的比喻。故此不是耶穌的比喻出了甚麼問題，或考慮不周，而僅是我們多問了不該在這個經文脈絡問的問題，才無法期望藉它來獲得答案。

祈禱態度的考慮

我最根本的問題是：我們應該怎樣祈禱，要按怎樣的模式祈禱？

我們在祈禱時，要不要先作一番審度斟酌，確定好哪些禱文是合宜的、合乎聖徒體統的，然後才陳說出來？若果眞要這樣的話，那我們是否仍算坦然無懼地來到上帝的施恩寶座前，自由地向祂陳明我們的心意？

如同前面所指，祈禱反映了我們如何看上帝、及與上帝的關係，要是我們向上帝祈禱，就像昔日大臣上朝面聖般，恐懼戰兢地宣讀一篇早已擬就，且小心措辭的奏章，惟恐偶一不愼，惹惱聖顏，招來殺身之禍，那我們是否仍當上帝是我們的天父，我們像小孩子的向祂訴說個人的願望與想法，表達內心的喜怒哀樂？連祈禱也得端正儀態，措辭得當，我們與上帝的關係，便淡薄得很了。

事實上，僞裝的禱告本身就是荒謬不過

的。上帝是全知的，祂知道我們的實況，了解我們的心思意念；聖經並且清楚指出，在我們尚未祈求以先，天父已經知道我們的需要，那麼，我們將心底裏的渴求捂住不發，壓抑自己的喜悅與悲哀，單單向祂講一些正義的說話，希冀哄祂開心，這樣的圖謀不僅不可能成功，甚至是匪夷所思的。

若祈禱的態度同時反映我們的屬靈景況，則我們在祈禱時的坦白與眞誠的程度，便也彰顯出我們是否眞誠的基督徒。我們是個誠實無僞的人，抑或像耶穌所常責罵的法利賽人，只不過如今我們努力扮演的是謙抑的稅吏的角色罷了。

上帝接納我們的所是

詩篇可說是祈禱的典範。詩人在不同的際遇及景況裏，將他的喜惡愛憎，毫無保留地向上帝傾注，箇中既無隱藏，又無修飾。在他快樂的時間，他稱謝上帝：「因祢——耶和華藉著祢的作爲叫我高興，我要因祢手的工作歡呼。」（九十二4）在他困苦待援之際，他哀求上帝向他施恩：「我呼求祢，向祢至聖所舉手的時候，求祢垂聽我懇求的聲音。」（二十八2）在上帝似乎沒有及時給他援手時，他埋怨上帝：「主啊，求祢睡醒，爲何儘睡呢？求祢興起，不要永遠丟棄我們。」（四十四23）他直率地要求上帝懲治那些逼害他的敵人：「願祢在他們的罪上加罪，不容他們在祢面前稱義。」（六十九27）甚至認爲自己是無過的，用仇敵的不義來彰顯自己的正義：「我沒有和虛謊人同坐，也不與瞞哄人的同羣。我恨惡惡人的會，必不與惡人同坐。」（二十六4～5）以上的禱告，完全沒有怎樣的措辭與態度才是合宜的考慮，反正詩人認定上帝透視他的心腸肺腑，故亦毋庸隱瞞任何感受與期望。在閱讀這些禱辭時，我們深切地體會詩人與上帝間的親昵關係，上帝果眞是他的主、他的上帝。

要是我們不敢以自己的眞面目向上帝呈現，擔憂祂在知道我們的心底裏仍潛藏著各樣負面的情緒，諸如嫉妒、爭競、驕傲、忿怒、鄙視、仇恨……便會遷惡於我們，甚至不再接納我們，則我們便連最基本的上帝論與救贖論都出了問題。基督教信仰最關鍵性的教義、亦是宗教改革者竭力闡發與保衛的，便是「惟獨恩典」與「惟獨信心」。「惟獨恩典」說明的，是上帝對人無條件的施恩。上帝並不是因鑑人在倫理行爲上有甚麼特出表現，也非由於人在獻祭或布施等宗教行爲上取悅祂，才向人施行拯救。不！恩典是白白的，與人的景況與作爲全無關係。故此，上帝對人「惟獨恩典」的救贖，正好說明上帝接納的是今天現實的我們，而非明天有可能改善、甚或已臻完善的我們。上帝認識我們的本相，也接納我們的本相，祂是在我們的本相的基礎上開始祂在我們身上的救贖工程的。「惟獨信心」的教義，說明的是人在得救的事上徹底無能，人認識到自己無法藉做任何事來取悅上帝，成爲上帝眼裏的義人，因此，得救完全不是人的作爲，而是上帝的作爲。人所能做的，是憑信心承認、並發現上帝在他身上成就的救贖工程。人毋須爲他所不能作的耿耿於懷，憂慮上帝據此而責備他，卻要坦然地將自己的眞我向上帝豁露，相信上帝會化腐朽爲神奇。「惟獨恩典」與「惟獨信心」，合成了「因信稱義」的道理。

如此，說上帝不接納我們的本相，人必須先裝扮好自己，才能在禱告中朝見上帝，與祂親近，是完全不合理的，也與「因信稱義」的道理不相稱。當然，聖經也要求我們在敬拜上帝以前，先尋求自潔，仔細省察，因爲罪會攔阻我們接觸上帝（注意：卻不會攔阻上帝來接觸罪人）。但自潔的眞正含義是認罪與悔改，眞誠的懊悔己罪，眞誠的順服基督，與一切的裝扮毫無相干。僞裝的人，談不上任何自潔。

我確信，**任何角色的扮演 (performance)** 都

不會帶來生命裏眞實的轉變(transformation)。一個人若在上帝及人跟前作僞，拚命壓抑心中的情緒與欲望，不敢面對它們，更不肯將之豁露出來，然後不住地努力扮演敬虔正義的角色，以討好上帝，亦賺取別人的肯定與掌聲；那麼，信仰對於他，便只是外在的一個規範，教他不斷模仿，而不會是內在轉變的動力，讓他經歷到出死入生的奧妙。

逃避上帝

祈禱是人對無所不知的上帝說話，是人尋求上帝在他的生命裏與他相遇，並施展作爲；因此，祈禱的其中一個基本要求是眞誠：對上帝全然誠實。

詩篇一百三十九篇頗能說明人在與全知上帝的交往時所有的困擾與釋放。

詩人在一開首，便指出上帝的無所不知：

耶和華啊，祢已經鑒察我，認識我。
我坐下，我起來，祢都曉得；祢從遠
處知道我的意念。
我行路，我躺臥，祢都細察；祢也深
知我一切所行的。
耶和華啊，我舌頭上的話，祢沒有一
句不知道的。（1～3節）

這樣子全知的上帝是教人不安的。誰能與

一個對自己瞭如指掌、認識透徹的對象交朋友呢？要是上帝眞箇知道我的表裏，連內在的心腸肺腑也一淸二楚，則我在祂面前便完全無法作僞，無法客套，無法婉轉，甚至無法裝扮成正義，一切都是赤裸裸，玉帛相見，明刀明槍的。我只能夠以眞面目示祂，就是以那個不經任何語言、禮儀、理論藉口包裝的眞我來與祂交往，反正祂都知道，我再不坦白招供、再轉彎抹角，也僅是惺惺作態，自取其辱了吧。

然而，我卻是連自己亦不常如此直截逼眞地面對眞我。我對自己心底裏的私欲邪情、惡思俗想是不無了解的，但由於無法將它們盡然去掉，良知譴責與他人期望，教我自然而然地將眞我隱藏起來，我既不願意別人，包括最親密的配偶與朋友知道它們存在，也不肯常把它們抖出來讓自己看到，總是假裝沒有這回事。我就是那個終日扮演的、亦爲別人所常看見的我，再無另一個眞我了。如此，**認識一個全知的上帝是可怕的，祂的全知構成對我極大的威脅，因爲全知宣告了我所有隱瞞的技倆均告失效，我除了要讓上帝洞悉我的一切外，也要在祂跟前，眼睜睜的面對眞實的自己。全知的上帝脅逼我面對我們不情願面對的眞我。**

詩人對全知的上帝既心存抗拒，便欲一走了之，找個地方藏匿起來，不讓自己給上帝看到。逃避上帝、特別是逃避面對一個全知的、有位格的上帝，是人之常情。正如尼采說的，倘若世間果眞有上帝存在，我怎麼可以忍受自己不就是那個上帝？對，若上帝是上帝，那我就無法再以爲自己是自己、以及所擁有的一切的上帝了，我再不能全然控制我的前途、投資、願望了，我將失去發言權及主宰權。爲了保障自己的主權不受侵犯，護衞自己的領土不受外力干擾，儘管心底裏我知道宇宙間冥冥中有上帝存在，只因我不欲過一個當上帝存在的生活，便只好佯作不知祂存在（不可知論者），甚或聲稱虛無縹緲的鬼神之說，不是我所關心的。人懼怕上帝、逃避上帝，尤其懼怕一個全知、以至自己再無法保有一小片自留地的上帝。

然而，教詩人感到痛苦的是，他根本找不到任何一塊淨土，可以使自己藏身，不讓上帝照見。全知的上帝也同時是無所不在的上帝，祂既在時空裏洞悉過去現在未來，又在地域裏察遍山川河嶽東南西北。對上帝而言，光明與黑暗完全一樣，沒有屏障可以擋著祂的視線。

> 我往哪裏去躲避祢的靈？我往哪裏逃、躲避祢的面？
> 我若升到天上，祢在那裏；我若在陰間下榻，祢也在那裏。

我若展開清晨的翅膀，飛到海極居住，
就是在那裏，祢的手必引導我；祢的右手，也必扶持我。
我若說：黑暗必定遮蔽我，我周圍的亮光必成為黑夜；
黑暗也不能遮蔽我，使祢不見，黑夜卻如白晝發亮。黑暗和光明，在祢看都是一樣。（7～12節）

如此，詩人不能不絕望了。無所逃遁於天地間。就像孫悟空，縱有翻一筋斗便十萬八千里的能事，總仍無法跳出如來佛祖的五指山。

以眞我與上帝建立關係

不過，當詩人冷靜下來，不再妄想逃避上帝之後，他突然轉問：為甚麼要逃避上帝呢？儘管我是在如今才警覺到祂的全知帶給我的威脅，但早在我尚未有這個警覺以先，祂已經是知道我的一切了：

我在暗中受造，在地的深處被聯絡；
那時，我的形體並不向祢隱藏。
我未成形的體質，祢的眼早已看見了；祢所定的日子，我尚未度一日，祢都寫在祢的册上了。（15～16節）

上帝既然是我的創造主，一切五官形骸均是祂親手完成的，則祂知道我的身體與靈魂，又有甚麼值得大驚小怪呢？小孩子讓父母替他們換尿布、洗澡更衣，在父母面前赤身露體，從來不知道、亦不會覺得羞恥，反正父母看到自己是理所當然的嘛。（悲劇的只是我們在上帝面前覺著自己已成年了。）

而更重要的是，詩人發現那位全然知道他的上帝，並沒有因祂的知道一切眞相，認識他的眞面目，而對他表示嫌棄，也沒有任何加害他的念頭。上帝無疑是知道我的表裏的，但正因爲祂是創造者，那受造物的表裏，即使是再污穢不堪，亦不會是教祂意外，令祂厭惡的吧？父母怎麼會覺得所生的兒女是醜陋的呢，儘管不及人家的漂亮，但看上去總應是順眼悅目的啊！

上帝既然是一開始便認識我們直至如今，那麼，這也意味著祂一直接納我們，從來沒有排斥我們的眞我。我們之欲隱藏眞我，豈非因爲懼怕若給別人發現，他們便不會再接納我們、尊重我們了？我們之不斷扮演角色，豈非因爲認定別人只願意與一個如他們心中期望的角色交往，彼此合演一齣好戲，而非來個玉帛相見？但是，這些憂慮在上帝跟前統統不管用。因爲上帝知道一切，並且祂是在知道我的眞相後，才對我發出呼召，向我施予恩典的。如此，眞我不僅不構成我與上帝交往的攔阻，甚至是成了與祂交往的基礎哩。上帝認識的是眞我、接納的是眞我，祂要求的也是我以眞我來和祂建立關係。

上帝的全知若不構成對人存在的威脅，便進而成爲人自處的一個信心的確據了：連無所不知的上帝也已接納我的眞我，那我怎麼不能坦誠地面對自己，包括心底裏最殘缺不全、亦最爲我隱藏的部分呢？我之所以不敢自視本相，拚命扮演正義的角色、說正義的話，只是因爲我將一切價值與形象全然投注在這些爲自己所塑造的正義角色之上吧，如今上帝旣已無條件地接納我，賦予我更完全穩妥的價值，則所有的面譜道具都用不著了。上帝對我的接納使我敢於接納自己。

惟有先眞誠面對自己，才有轉變的可能。惟有先在上帝面前坦承自己的所是，才會發現上帝的恩手如何在這些不理想的所是之上施展作爲，使之變得理想。不扮演是轉變的先決條件。

在我們向上帝禱告時，毋須裝扮出一副正義的面孔、講述那些正義的空話，只需坦誠地將一切心底裏的思想欲望，包括正義的與不義的、神聖的與世俗的，向祂徹底傾訴，深信上帝必然接納、必然垂聽；並且事實上在我們還未開口禱告以先，這一切祂早已知道了。

詩人最後安舒的禱告是：

> 上帝啊，求祢鑒察我，知道我的心思，試煉我，知道我的意念，
> 看在我裏面有甚麼惡行沒有，引導我走永生的道路。（23～24節）

這也是我的祈禱：眞誠的祈禱。

眞正的生命轉化

我深信，**上帝在人向祂祈禱時所最要求的，是人的誠實，因爲這是惟一承認上帝是全知和慈愛的上帝，並且將祂當作全知和慈愛的上帝來說話的態度**。上帝是全知的，所以我們在祂跟前必須有話直說、眞誠無僞；上帝是慈愛的，所以我們毋須扮個理想形態來取悅祂，懼怕祂不接納我們的所是。

返回章首討論過的經文：路加福音十八章9至14節，仔細地閱讀，我們會發現耶穌根本不是在談論人在祈禱時應有的態度，卻是更廣泛地針對人對別人、對上帝應持的態度。正如整個比喻記述的引子所指出的，耶穌不滿當時的法利賽人仗著自己的正義來藐視別人的不義。法利賽人這種自義及藐視別人的態度，主要該不是在聖殿私禱時才表現出來的，不然身

旁的人既不會知道，亦不會受到影響了，他們是一貫地自以爲義，一貫地藉踐踏人來自抬身價。所以，耶穌只是利用虛擬的祈禱情景，來烘托出法利賽人和稅吏這兩種自視及視人的態度的鮮明對比，並且指出出乎人所意料的是，上帝悅納的是自卑而不是自義的人，故祂僅垂聽自卑的罪人的祈禱。

無疑祈禱反映了人如何看待自己，及如何看待上帝，所以我們的自我評估也當彰顯在祈禱中，塑造我們的屬靈氣質，影響我們與上帝的交往。上帝悅納憂傷痛悔的靈，和自覺需要醫生、主動就醫的病人，是不在話下的。事實上，人若不察自己是罪人的面目，不認識或逃避面對在各種文明禮儀包裝隱藏下的罪惡本相，便既無法感受耶穌基督爲我們的罪惡捨生的鴻恩大愛，也不會珍惜上帝救拔罪人脫離罪的轄制的福音了。正如我在《另一種信仰？》說明過的：除非我們由衷地認識到自己原來一無所有，所有的也不值一提，否則無法甘心樂意地接納聖靈在我們生命裏的拆毀和建造。沒有自卑，便亦不會有眞正的謙卑。所以，耶穌在路加福音十八章9至14節，教導我們要認識自己的本相，對人對上帝懷著自卑與謙卑的心，不要踐踏別人，不要自高。

然而，即或自卑與謙卑是重要的屬靈氣

質，這樣的屬靈氣質也還是要建造在誠實的基礎上。人若尚未真切發現自己是徹頭徹尾的稅吏，而僅是爲了取悅上帝及他人的緣故，扮個稅吏的模樣，便變成爲另一種形式的法利賽人。沒有自卑的謙卑，是更深層面的自義和驕傲。宗教上的僞善，是最複雜巧妙、不易識破的自義，也是人對上帝悖逆最弔詭性的形式（以宗教來對抗上帝），是以耶穌終其一生恆常以那羣「假冒爲善」的法利賽人爲攻擊對象。

並且，縱或我們同意謙卑是人必須學習的基督徒樣式，這樣的性格也只能藉「心意更新變化」而塑造，絕不能靠任何外在的模仿而襲取過來，在祈禱中尤其需要避免摹抄別人的字彙與內容，扮演非我的角色。切不可將原來要漫長奮鬥、攻克己身、叫身服我的將性格完善的過程，濃縮成爲對人在向上帝祈禱時的樣板形態，甚至宣稱只有模仿這個樣板形態的祈禱才會蒙上帝悅納。

我們可以鼓勵基督徒用功夫去成聖，可以鼓勵他們多求結出聖靈的果子；但單就祈禱而言，我卻不認爲除誠實外，還該有甚麼正確或正義的態度。

祈禱不過是人向阿爸父上帝說話，別將之添上繁文褥節，諸般要求。

第三章
開放的祈禱

祈禱不是具有操縱上帝法力的咒語。

祈禱能改變上帝的心意？

一直以來，有關祈禱的效用常常成爲祈禱神學討論的焦點。對於自由派的神學家如士萊馬赫 (F. Schleiermacher) 等言，祈禱並無實際改變上帝的心意與行爲的作用，絕對的上帝不會因著人的籲請而更易其在宇宙與人類歷史中預定的計劃。祈禱並非旨在改變上帝，而是人在祈禱中自行轉變，一方面承認上帝是那位設定宇宙秩序的主，另方面努力改換自己的心意，使之與上帝的思想同步。總而言之，祈禱既不改變上帝，亦不會帶來對客觀世界的任何變化，祈禱若有「效用」，便只是祈禱者內心主觀的轉變。

這樣的看法當然不爲正統（或新正統）的

神學家所接受。正如巴特所聲言的，祈禱對上帝的行爲以至祂的存在都產生影響，所以上帝事實上應允人的祈禱。不過，與傳統的看法大異其趣的是，某些新正統的神學家如田立克(P. Tillich)等並不視上帝爲預先定立並促成某個歷史計劃的人格上帝，人類歷史也是敞開而非完成的（換言之，未來尚是未曾寫上的，一切可能均存在），故上帝聆聽人的祈禱也者，並非祂爲垂聽人的哀情而改變其原來的心意或計劃，卻只是祂與人一起共同創造未來的故事，爲仍然空白的一頁添上內容。田立克認爲，人的祈禱便是人願意順服上帝指引的表達，藉此彰顯人對上帝的信心，從此角度言，祈禱便一定會蒙「垂聽」，也一定會對人帶來影響。這樣理解的「垂聽」，還是說祈禱會對祈禱者的主觀存在造成影響，從而對那尚未塑造的世界的未來造成影響；與我們一直認定爲慈愛的天父順應兒女的要求而作出回應和行動大相逕庭。

福音派的神學家既不認同自由派之主張祈禱只帶來對祈禱者的主觀影響，亦不能接受上帝對未來的歷史發展全無預定計劃，一切有待人與上帝共同創造的說法。我們堅持上帝既爲人類歷史的主宰，便在由創世至終局的整個歷史進程中有其永恆的計劃，並且以祂的睿智和能力護理著歷史朝其所預定的方向發展。但與此同時，上帝作爲有恩惠有憐憫的天父，亦會眷顧屬祂的兒女的期望和需要，因他們的祈禱的緣故而在若干程度上修訂其作爲、改變其心意。

平情而論，要確認上帝爲預定歷史發展的主，但同時又主張祂會因著人的祈求而改變原訂的計劃，本身要非自相矛盾，也必然充滿著內在的張力。要是我們過分强調上帝的預定和絕對主權，則人的作爲（包括祈禱在內）的空間便非常有限。就算我們說連人的祈禱以及上帝的相應垂聽都在上帝的預定裏，也屬原來的劇本的一部分，故上帝並無眞箇改變祂的心意與計劃，更沒有如舊約多次提及的「後悔」過先前的想法（這是許多聖經學者對如創六6等經文產生的「聖經難題」所給予的標準答案）；則我們便得承認，祈禱本身仍是沒有效用的，畢竟它只是上帝設計好的一個程序，僅具禮儀性的意義，上帝仍然一意孤行。但設若我們强調人的祈禱的效用，就是上帝恆常地因應祂的兒女的祈禱來修訂或增刪其原來計劃，那麼，所謂上帝的「預定」，便頂多具有形式上的含義，再無實質性的內容；我們或是建議上帝只爲人類歷史設定了起點、終點，與若干必經的驛站，其餘的路徑仍是未定的；或是乾脆主張上帝根本沒有固定的歷史計劃，未來乃由人神協作所開創，路是人神共闖出來的。

以上的理論矛盾，牽涉到上帝的預定與對人類歷史發展的引導方式的複雜元素，無法在這裏以簡單的方式來處理。我僅借用魯益師 (C.S. Lewis) 在 *Letters to Malcolm* (N.Y.: Harcourt, Brace and World, 1964) 的看法，作爲一個權宜性的結論。我得坦率地指出，不管我們是如何的宗教狂熱者或超自然主義的信徒，也無法在人類集體的歷史裏，以經驗主義方法來說明某樁事件的發生和祈禱有必然的因果關係。但與此同時，我們卻可以在個人的（或少數的信徒羣體中的）、主觀的經驗裏，看出祈禱與繼來發生的事情，並非僅是偶然巧合的相配，而是上帝垂聽祈禱的結果。因此，**從宏觀的角度看，上帝在凡事上有其預定的計劃，沒有任何「未曾」在祂的心意裏；但從微觀的角度看，我們恆常經歷到人的祈禱在改變上帝心意方面的作用**。至少我們可以說，上帝在促使某事發生時，考慮了我們祈禱的因素。

布洛舒 (D.G. Bloesch) 繼承巴特的說法，宣稱祈禱不單是人向上帝祈求，亦不僅是人順服上帝的旨意，卻是有效且主動地改變上帝的心意的方法。祈禱是雙向的 (reciprocal)，人在祈禱中受上帝的影響，但同時也影響上帝的態度與行動。他承認從哲學的角度看，祈禱可以干擾自然世界運轉的說法很難得到確認，甚至會被認為是原始宗教的迷信觀念。不過基於聖經裏無論是舊約抑或新約，均清楚說明上帝是垂聽人祈禱的，並且會按著人的懇求來改變祂原訂的行動，因此，我們必須相信上帝能據人的懇求而修改其心意。

當然，這個確認並不表示人的心意戰勝了上帝的心意，或上帝順服屈從人的想法，卻是指上帝在製訂及推行其計劃時，併入了人的祈求此因素。上帝容讓我們參與在祂所主宰的歷史中，成為積極而主動的一員。人不單是認命地接受上帝的擺布，乃是藉祈禱而參與其中，推動歷史的發展。

不過布洛舒也補充說，上帝在歷史裏的通盤計劃是不會變更的。目標是已確定了，但如何達到此終極目標，上帝便容許彈性存在；故此，人的祈禱只能影響局部的過程，而非全部的方向和發展。（ D.G. Bloesch, *The Struggle of Prayer* ［Colorado Springs, CO: Helmer & Howard, 1988］, 頁 72 ～ 74 。）

強調人的祈禱的能力

以上有關上帝旨意與人祈禱關係的討論，點出了本章所要處理的課題：祈禱的效用的問題所在。**作爲福音派的基督徒，我們自當確認人的祈禱的效用，祈禱確能改變上帝的心意，影響上帝的作爲；但同時由於我們亦宣認上帝爲主宰與導引歷史發展的主，便也得承認人的祈禱僅有若干程度上的效用，就是上帝不會完全隨人的意志來改變其設定的歷史軌迹**。如今的問題乃是：這「若干程度」的效用到底有多大？又人的祈禱的應驗與不應驗間，到底是量的差異抑或質的差異？

一般而言，福音派信徒由於受到十九世紀美國奮興運動的庸俗神學的影響，對人的能力仍保持相當樂觀的態度，相信罪性仍未完全破壞人的自由意志，甚至連得救的事上，人還是有若干自主的抉擇能力。是以即使在基要主義的陣營中，半伯拉糾主義 (Semi-Pelagianism) 的思想仍是非常廣泛的；改革宗的信徒，亦不再無異議地堅持預定論、維護上帝的主權。反倒荒謬地，不少傳道人一方面聲言人在選擇是否做基督徒一事上有絕對的能力和權利，無論誰願意信靠主可來；但另方面卻又堅持在人做了抉擇後，上帝便要負責保守人的抉擇到底，叫他們的得救身分永不失墜，「一次得救、永遠得救。」這樣子在神學討論中的任意輕率，只求對人有利合用，便不管其理論是否有內在矛盾，更罔顧上帝的主權而隨意將之擺布在任何位置之上，充分反映出實用主義與宗教利己主義的心態。

抱持宗教利己主義心態的人，自然地將人定爲信仰的中心：上帝是爲人而生的、祂的作爲是爲人服務的，一切誡命律例典章統統是爲人的好處而訂立的（並且它們的好處是人的理性能夠明白和認可的），上帝呼召我們、賜予我們白白的救恩，目的在使我們在世得享福樂，來世得享永生。改革宗原來高舉人活著是「惟獨上帝得榮耀」的崇高標準，淪落爲「你怎麼確定若今天不幸離世，你可以上天堂？」的個人關懷。如此，在論述到祈禱的時候，他們也大肆誇張祈禱的效用，相信人的「誠」足以感動天之「明」，上帝的心意隨人的心意運轉，神蹟不單是可能的，更是理當隨時隨地預期的；至於上帝的永恆旨意和計劃，及祂不由人心意轉移的旨意，便僅是聊備一格的略提，好作爲前路不通後的一個附註。換言之，上帝按人心願應允祈禱是常規，不應允是例外，且僅是祂爲了更大的善的緣故才萬不得已地堅持自己的計劃。就我所見，坊間大多數有關祈禱的書籍，持的都是這樣的論調。

二十世紀在北美盛行的「健康與財富運動」、「信心運動」等僞基督教，作的也便是如出一轍的主張。信心運動又名「正面宣信運動」(Positive Confession Movement)，就是相信人的信心（或應稱為「信念」）藉著祈禱，便可以變為巨大的精神力量，使上帝配合我們的心意運轉；上帝是有求必應的上帝，求便得之。這個運動的一位主將赫堅(K. Hagin)曾如此解釋馬可福音十一章23節的應許：

> 使信心扎根在自己的靈魂的其中一個方法是：「相信自己的信心」，就是不斷的提某個信念，直至它銘刻在心靈裏。我了解到你在第一次這樣做時可能會有怪怪的感覺，思想或許起反感，但我們說的非關你的頭腦，卻是關乎你內心的信心。（K. Hagin, *Having Faith in Your Faith* [Tulsa, OK: Kenneth Hagin Ministries, 1988], 頁 4～5。）

這種說法基本上是將信心理解為一條能夠控制屬靈事物（包括上帝在內）的方程式。上帝或靈界事物，均循著一個固定軌迹來運轉，人只要掌握該個軌迹的規律，便可以有效地駕馭屬靈的力量。此外，赫堅等也相信祈禱不單是人向上帝說話，更是靠祈禱或信心本身，便可以產出某種主宰靈界的精神力量，藉此促成一些預期的事情發生。（對「信心運動」的分析及批判，可參 D.R. McConnell, *A Different*

Gospel: A Historical and Biblical Analysis of the Modern Faith Movement [Peabody, MA: Hendrickson Publishers, 1988], 特別是第八章。)

值得注意的是，與「信心運動」相類似的有關祈禱與信心效用的主張，藉著近年崛興的「第三波靈恩運動」，巧妙地獲得了正統信仰的包裝，並移植進主流的福音派教會。由於「第三波」特別强調神醫的恩賜作爲聖靈能力的證據，故此便主張上帝是願意人得健康的主，只要藉信心向祂祈求，我們的疾病便通常可獲痊癒。祈禱是大有果效的，若無效果，也許便是因著信心不夠堅定、祈禱不夠恆切的緣故。

譬如影響華人教會頗深的韓國純福音中央教會的趙鏞基，在他的《禱告：復興之鑰》(蔡耀明等譯。台北：中國學園傳道會出版部，1986)便不斷强調，祈禱是個人以至教會復興的不二法門：「有了新的禱告能力，神蹟沒有理由不發生。」(頁21)他特別指到祈禱與信心的關係，包括需有清楚具體的祈禱目標；在上帝回應祈禱以前，先用想像力來想像上帝已應允了的正面結果(他將之與珥二28所提到的異象與異夢相提並論)；又藉口中的宣告與事先的讚美，來確定上帝已答允人的所求(頁155～160)。

因强調信心而失去信心

這裏且不再費脣舌去批判「第三波」這般主張的謬誤，我要說明的是，**正是由於不少信徒均過分强調祈禱的效用，認定上帝應允（醫治、賜福……）是常規，不應允（不醫治、受苦……）只是例外，造成他們的信心變得脆弱了、祈禱生活也更不穩定了**。因爲他們一旦碰到祈禱的後果與他們預期的「常規」不相符，或遭遇困苦、挫敗及不幸時，便立即產生嚴重的信仰危機：爲甚麼上帝不垂聽我的祈禱？爲何我的遭遇與聖經的應許（牧者的教導、信徒的見證）不合？若上帝的慈愛是反映在祂應許賜福信徒之上，那祂今趟不應允我的禱告、搭救我脫離困苦，是否意味著祂不再愛我、不復爲慈愛的主？諸如此類的所謂「苦罪問題」，在教會裏隨時都可以碰到。只要某位弟兄或姊妹的家人遭逢意外，或僅是碰上甚麼不順心的事，便立即且理直氣壯地質問起上帝的慈愛與信實來；至於說世界發生了任何天災人禍，如南斯拉夫的內戰、盧旺達的饑荒，甚或某架飛機衝出了跑道，便也有基督徒代抱不平，詢問上帝爲何不保守受災人。勝利主義的信仰——上帝應允信徒祈禱，使他們逢凶化吉——使基督徒恆常陷墮至一個又一個的苦罪懸謎中，任憑再架牀疊屋地尋找理論（詭辯）以爲上帝開脫，還是無法平息那些一口咬定上帝應該垂聽祈禱的人的怒氣。畢竟不垂聽只是例外嘛，爲何這次會是例外？

也許每個民族都會有類似的對上蒼的苦難論辯，中國亦不例外（如屈原的〈天問〉）；但毋庸置疑地，在衆多宗教中，基督教信仰是最容易產生苦罪危機的一種。不誇張地說，基督徒若僅遭遇如猶太人百分之一的苦難，便已大多背棄上帝，用不著甚麼對奥斯威辛(Auschwitz)經驗的反省了。（編按：奥斯威辛是波蘭南部一城鎮，第二次世界大戰時納粹德國曾在此建集中營，大量屠殺猶太人。）

尋找就尋見？

正本清源，我必須指出，聖經從來沒有上帝必然應允人的祈禱的應許。任何這樣主張的，皆是對經文的錯誤或片面的詮釋。

有兩段經文是值得在這裏解釋一下的，因爲它們常被用來支持一個黃大仙式的上帝觀。

第一段是馬太福音七章7至12節。耶穌在這裏應許門徒說：「你們祈求，就給你們；尋找，就尋見，叩門，就給你們開門。」似乎意味著一個無條件的保證：任何人只管向上帝祈求，凡祈求的、不管求的是甚麼，都必然得著。這還不等於說祈禱是萬應萬靈的手段？

大多數釋經學者都同意，這段經文其實並非討論到祈禱的問題，遑論涉及祈禱的效用（與此相關的路十一11～13也不是）；它卻是旨在强調上帝對待人的態度，從而引伸出人對人應有的態度，最後帶出12節的倫理金律：「所以，無論何事，你們願意人怎樣待你們，你們也要怎樣待人。」耶穌首先向門徒保證：上帝愛他們，照顧他們生活上的需用，並將最好的東西賜給他們；但祂接著指出：任何應許都會涵括了相關的要求，上帝在這裏要求他們的，是以同樣的態度對待別人，將恩惠而非禍害加在別人身上。事實上，上文（七1～6）講述的也是這樣的道理。

如此，經文的重點便在於上帝對人的恩慈：「你們中間誰有兒子求餅，反給他石頭呢？求魚，反給他蛇呢？」而非人在祈禱時開口要甚麼、上帝便照單供應。前面三句似乎是無條件應允祈禱的應許，便不過是爲强化上帝向人施恩惠的信息的一個表達手法而已。換言之，經文的信息是上帝向人供應的總是好的，而非上帝總是供應人認爲好的。我們向上帝祈求，若果對我們而言眞是餅或是魚，則上帝便會賜給我們；不過，要是我們錯求了石頭或蛇，上帝還是照樣只把「好東西」給我們的。

我們必須在信念的層次，確認上帝眷顧屬祂的兒女，將最好的給予我們的事實；然後在祈求與等待回應的過程中，發現甚麼是我們的感覺需要(felt need)，甚麼是我們的眞正需要(real need)。

上帝對人的施恩乃是與祂的護理與計劃分不開的。先是我們確信上帝是歷史的主，也是掌管我們生命的主，而祂的計劃對我們是美善、無誤差的（雖然很多時我們不這樣感覺！）；故此我們可以將生命全然交託，期求祂按著祂至善的旨意，而非我們常有謬誤的私意，來帶引我們的前路。「然而不要照我的意思，只要照祢的意思。」

纏磨者事竟成？

另一段經文是路加福音十八章1至8節，這是耶穌說的一個比喻：一個寡婦在受屈後，向城裏不義的官纏磨多時，央求他給自己訴冤，終於不義的官爲了不讓她繼續煩擾的緣故，答允了她的所求。比喻的結尾說：「上帝的選民晝夜呼籲祂，祂縱然爲他們忍了多時，豈不終久給他們伸冤麼？我告訴你們，要快快的給他們伸冤了。」

這段經文給人一個印象，便是只要我們夠耐性、夠長氣，終日在上帝跟前嘮叨，要求祂將某項我們心愛的東西賜下，祂便會因無法忍受我們的纏磨，而把那些原來不打算賜我們的東西也給我們了。換言之，人的祈禱必須夠恆切，不可因上帝沒有即時應允便輕言放棄，必須下定決心，不厭其煩，厚著臉皮，朝呼夕喚，務求打動上帝的心，使祂感吾情、恤吾志，在漫長的祈禱持久戰中給我們擊敗，被逼讓步。我在幾乎所有翻閱這段經文的場合裏，聽到的都是上述的詮釋。當然釋經者通常附以的佐證都是正義的，譬如我們要恆切爲家人的信主禱告，即使一年、兩年、三年不就，也終究不息，深信「孝感動天」，必有一天上帝會允吾等所請……諸如此類；甚少有人應用說若我們期望搬到山頂帝景園居住，求個十年八載便必會如願。但無論如何，它已給我們一個清晰的信息，就是祈禱之會否蒙應允，乃與人的耐性與纏磨功夫息息相關。

但事實上，整段經文的中心信息根本和前面所說的風馬牛不相及。耶穌在比喻的開首，便指出那位寡婦是受冤屈而等待伸冤的，並且將她的身分確定爲寡婦，也好突顯出她是無依無靠，無任何後台勢力爲其撐持的；寡婦不是無理取鬧地央求官府代她整人，或諸多苛索，卻只是在受屈後要求討回公道。不幸地她所賴以伸冤的官卻是不義的，亦即對伸張正義毫無興趣，更不會對這位無權無勢、不會為他帶來任何私人好處的寡婦費神辦事了。幸而寡婦夠耐性，認定公義必須伸張，公義也必會伸張，纏著不義的官不放；最後官府按捺不住，無計可施之下，只好為她伸冤雪恨。伸張正義才是整個比喻的重心。

耶穌在比喻中指出的是，若連一個不義的官也會因人的纏磨而伸張正義，那公義的上帝又怎會不「為困苦人伸冤，為窮乏人辨屈」呢（詩一四〇 12）？**也許祂為某種人所無法明白的原因，而容讓邪惡橫流、公義不彰，致令上帝的選民受苦多時；但我們仍不能因上帝的沈默而失去對公義的信心及對上帝的信心，必須持定「耶和華喜愛公平，不撇棄祂的聖民；他們永蒙保佑，但惡人的後裔必被剪除」（詩三十七 28）的信念，繼續禱告，晝夜呼籲祂**。耶穌向我們保證，上帝必會在不久後為我們伸冤了。

這個認信對活在一個是非不辨、妖孽橫行的世代的我們，實在是寶貴的應許。多少時候我們會由於目睹義人受苦、惡人興旺而忿忿不平，為自身經歷到踐行公義卻招來吃虧屈辱恨意難消，我們一方面埋怨上帝怎麼袖手旁觀，不出手懲治惡人，搭救受屈者；另方面更進而懷疑踐行公義、堅持眞理的價值，甚至質疑上帝的慈愛與全能。聖經於此安慰我們說：爲義受逼迫的人有福了，因爲天國是他們的。我們的上帝是賞善罰惡、秉行公義的，最終必使「公平如大水滾滾，使公義如江河滔滔」（摩五 24）。耶穌並且婉轉地批評那些因一時的黑暗而懷疑光明存在的人，說他們的信德連比喻中的寡婦也不如：「然而人子來的時候，遇得見世上有信德麼？」

看，這個比喻的教訓根本與祈禱大有果效毫無關係，至少它並沒有應許說，不管我們所求的是甚麼：合理的抑不合理的、受欺壓抑欺壓人的、知足的抑貪婪的，只要夠長氣、有磨功，便必蒙上帝應允。要是果眞如此，那上帝也的確是不義的上帝了。

上帝回應祈禱

正如我在〈求主教導我們禱告〉（收入《憑誰意行？》附錄二，頁 113 ～ 130）一文所揭示的，聖經並沒有任何保證，說只要我們膽子夠大、期望夠殷、祈禱夠力，便不管所求的是甚麼，都必能應驗，必蒙應允。所有强調祈禱果效的經文，都是帶有條件的，此包括祈禱者必須先愛上帝，住在祂裏面，遵守祂的命令，並照上帝的旨意祈求，然後才必蒙應允。夠不上以上的條件的，就不能理直氣壯地宣稱凡祈求皆蒙成就，祈禱大有果效了。

必須注意：我並非認為人的祈禱對上帝全無影響，也不會有任何繼來的相應的作用。縱然我們不曉得上帝在預留空間聆聽人的祈禱，並且相應地調整祂的計劃的同時，如何維持祂對人類歷史預先且通盤的布局（說未來全然敞開是荒謬不過的，也與我們的末世論難以吻合）；但至少從人的角度看，儘管上帝已為人類歷史定下發展軌迹，亦不會為我們所知，故並不是我們的關懷所在。在經歷上，上帝垂聽祈禱，及因應人的禱告來促使某些事情發生，仍是我們可以見證的；我們未必能客觀且科學化地計量，證明祈禱的效用，但憑著信心所有的一手經驗，卻足以使我們對此有實存性的驗知。

但是，我仍得强調，祈禱之所以有作用，完全因為上帝喜悅我們向祂祈求，並且應許會聆聽及回應，一切端在於上帝自主的恩典，而非祈禱本身具有甚麼主宰上帝的法力；故此，人的祈禱與上帝的回應之間，並無任何形式因（又稱「動力因」［efficient cause］，亞里士多德語）的因果關係。從嚴格的意義說，上帝是因其信實，而非祂的任何內在或外在的必須性，才回應人的祈禱；單就祈禱本身而言，是全無「效用」的。人必須信賴上帝、信賴祂的應許與信實，但不可信賴自己的祈禱和信心；我們對上帝有信心，卻對祈禱及信心不懷抱信心。

表面上看，對上帝有信心、信得過上帝垂聽及應允人的祈禱，與宣稱祈禱大有果效，似乎沒有甚麼分別，後者的說法且較簡單直截，容易爲人掌握呢。但仔細地想，兩種說法不但大異其趣，且是有著性質上的不同。宣稱人的祈禱有果效，是將信心置放在人的作爲之上，認爲人的行動具有支配或影響超自然的力量，這樣的論調，縱然在程度上遠不及「財富與健康福音」或「信心運動」般激烈，但其基本的思路卻並無二致。無論如何，人總有若干宰制或影響上帝行動的能力。**惟有我們將信心置放在上帝而非人的身上，我們才貫徹改敎運動所高舉的「惟獨恩典」的基本敎義：人在得救的事上惟獨恩典，在得救後過成聖生活上仍然是惟獨恩典**。

並且，由於我們將信心投注在上帝而非自己之上，相信上帝的信實而非人的祈禱，則我們便可堅持上帝的主動權，不致設想人的祈禱便敎祂的主動變成被動、由自由變成受約制。上帝是自主地回應人的祈禱，其自主性包括了回應、不回應、延遲回應、及以別個形式回應等各種可能；換言之，上帝毋須按照人的訂單即時供應人的需求，才算應允人的祈禱，祂之採用別的方法、在稍遲的時間，來滿足我們的所求，不但在理論上是可能的，更是在經驗上最常見的應允形式。單單將上帝應允人的祈禱局限在人的心想事成、萬事勝意、諸事無不遂願之上，就等於褫奪了上帝的主權，將祂由萬有主宰的位置貶抑爲阿拉丁神燈裏的燈奴。

設想我們仍欲堅持祈禱的「效用」的說法，則必須註明所謂「效用」也者，常常不是人藉祈禱以改變上帝的心意和作爲；卻是在祈禱中，人被聖靈引導，洞察上帝的旨意，並且相應地改變了原來的心意和作爲。正如傅士德所言：

> 在眞正的禱告中，我們依照上帝的心意去思想上帝的思想：渴望祂所渴望的事，愛祂所愛的東西。於是我們一步一步地受教，從祂的觀點去看一切的事。（傅士德著、周天和譯：《屬靈操練禮讚》〔香港基督徒學生福音團契，1982〕，頁36。）

所以，祈禱是有效的，是因祈禱常有繼來的影響，但這影響卻不必然是如我們原來期望的心意成就，也包括在等待上帝回應時的焦慮、猜疑、隔絕、憂悶，以及在得知一個非預期的後果後的憤怒、抗拒、爭辯、摔跤、順服、感恩。祈禱既會帶給我們一些客觀的、外在於我們的轉變，亦會爲我們帶來主觀的、內在的更新變化，從而糾正我們對上帝的態度，理順及深化我們與上帝的關係。

祈禱是歷險

由於祈禱的「效用」不是單一的、用直線因果關係概括得了的，故祈禱者著眼的，不應是他呈獻給上帝的禱文是否得到應驗，而是他在祈禱中與上帝的糾纏、交往，與彼此間心意的互通。藉著祈禱，人更深的認識上帝，認識自己。人發現自己一直以來認定對己有益的餅，原來不過是石頭，那些上帝供應、但自己心存抗拒的，才是不折不扣的餅。

在祈禱中，人明白最重要的不是向上帝要這、要那，告訴祂一些我們以爲祂不知道的需用，恐怕因沒對祂說而致令祂忘記了供應；又或者以爲必須藉著勒索、哀求、纏磨，才能從上帝那裏爭取到於己有利的生活條件。早在我們尚未開口以先，我們的天父已經知道我們的需要（太六8），所以「祈求」不是祈禱的最大意義。反倒在我們向上帝陳述我們的需用的過程裏，我們主要旨在表達我們對祂的依賴和信靠，一方面承認自己無法自力更生，靠己力過幸福人生，另方面也將未來的日子，包括生活上的具體需用，都交託在上帝手中，懇求祂按照祂的應許與信實，滿足我們那些庸俗的、微小的心願。我們向上帝說話本身，遠較向上帝說話的內容爲重要。

强調祈禱的效用，就使得人與上帝的溝通變成一樁交易，人視祈禱爲一個手段，藉此獲得某種可預期或可控制的利益。人信任祈禱的魔法作用，亦將上帝由永恆主動的祢 (Thou) 變成一個經人操縱、爲人敲榨的對象 (It)。所以，實用主義心態的祈禱觀，不獨使祈禱不再成爲祈禱，亦把祈禱的對象——上帝淪爲非上帝。

人應該了解到在朝見上帝、與祂溝通時，根本不可能把持基督以外的任何談判籌碼，不可能使出任何影響或控制的手段，甚至連他自己的想法、喜惡、期望，統統都不再是理直氣壯、不受搖撼。不！人與上帝建立關係的先決條件就是再沒有他自己設定的任何條件。人只能不帶成見、不帶執著，甚至不帶任何本然應有的東西，開放地來到上帝跟前，供祂審定、認可、批判、拆毀和重建。人不是以他的「成見」去選擇某個上帝，或上帝向他顯現的某種方式，卻是全然開放，容讓上帝自由地彰顯祂自己、自由地與他建立關係。

如此，祈禱便是一個歷險，人在向上帝陳

述了自己的要求後，便得好奇地佇候那位行奇事的上帝的回應，而祂的回應常是出人意表（也不管我們的反應是驚喜抑錯愕）的。當然，人的整個信仰生活都是一個歷險，藉著信心，我們被上帝牽引至「將來要得爲業的地方去，出去的時候，還不知往哪裏去」（來十一8）；但是，**由於祈禱是人主動向上帝說話，也是人警醒地期待接收上帝的說話，故此，祈禱便成了更有意識的信仰歷險**。一個恆常禱告的信徒，就是有意識地將他生活的每一個片段向上敞開，並期待上帝在每時每刻介入、彰顯祂的心意和作爲的人；他不再將生活據爲己有，不再視一切爲他所能控制把持的，他尊崇上帝在每件事上有最終的發言權，神蹟可以在任何時空、以任何形式發生。藉著禱告，他把平凡、重複的生活變作充滿各樣可能的歷險；人間可見可握的因果序列不復能涵括萬有，自然主義的詮釋（即用政治、社會、經濟、心理的方法來詮釋身邊所有事物）不再是充分的，因爲已經添上了「上帝」這個最大的變數。故此，一切都是不能完全掌握或預計的，一切都是可能的。

祈禱是邀請上帝進入我們的生命中，作我們生活的主，並從而釋放了我們對自己的主權。從此，我們期待著這位必然將最好的東西給我們的導航者，豐富我們原來平淡乏味的生活，擴闊我們狹窄的視界，增加我們對人對事的認識與經驗。因著上帝具有無限的可能性，所以，每一天便都是新的一天，不會僅是無數個昨天的重複。新的遭遇、新的感受、新的體會、新的震撼、新的打擊……祈禱的人生是歷險的人生。

「主耶穌啊，我願祢來。」

第四章

凡人的祈禱

祈禱不是一個經仔細計算的投資。

功利主義的心態

正如前章所述，教會裏許多關於祈禱的著述或講論，爲了勸導信徒多禱告的緣故，往往將重點放在祈禱的效用上：祈禱是有用的，上帝會聽人們的祈禱，祈禱可以改變上帝的心意、可以改變世界……諸如此類。在教會的講壇裏，我們很常聽到有關祈禱如何有效的成功見證：某人爲他的父母信主恆切祈禱了多年，終於他們在晚年的時間決志皈依；某人一直不清楚未來事奉的路向，經懇切膝禱後蒙聖靈清楚的光照；某人非常渴望獲得心愛的物品，多番向上帝交涉下終蒙應允，得償心願。

當然在一般情況下，我都不會懷疑這些講論或見證的眞實性，畢竟我也確信上帝必然垂聽祈禱，並且可以（但不是必然）按照人的願望來改變祂的心意與計劃；但是，對於祈禱多年而沒有太多成功經歷的我而言，聽著這些見證，便總有不是味兒的感覺。哦，有人爲父母的得救祈禱多時後終蒙垂聽，所以祈禱是有效的；那我爲父親祈禱十八年而他終以異教徒的身分逝世，又該如何解釋呢？是我的祈禱不像那些成功人士般恆切，抑或上帝不肯垂聽我的祈禱而只聽他們的？若要堅持祈禱大有果效的說法，那我便只好在懷疑自己（我是否虔信）與懷疑上帝（祂是否信實）中間二擇其一了。

我要說：我相信上帝垂聽人的禱告，並且也曾經歷過一些禱告蒙應允的事迹。雖然其中大部分這樣的成功事迹都可以用自然主義的角度來理解，但我仍不敢隨意使用「還原主義」(Reductionism)的眼光來詮釋屬靈事物，所以我也發現自己的生命裏充滿上帝的作爲和恩典。惟是單就禱告的效用言，我卻始終無法同意祈禱是大有果效的說法。我必須坦誠地招認：我大部分的祈禱都是沒有應驗的，或者至少不是按著我原來的要求來予以兌現。

甚至我進一步懷疑，那些聲稱他們的禱告多數蒙應允的人，是否在日常生活中恆常地、也誠實地祈禱？要是他們在禱告中隱藏自己的思想與欲望，不向上帝直說，單單過濾一些正義的說話來向上帝陳述，或只選擇性地將必蒙應允的東西來向上帝禱求，那蒙應允的機會便必然大增了。但是如同前章所指，我並不認爲這樣子的正義祈禱是誠實的祈禱；我也不能設想採取這個正義態度的人可以在生活上凡事禱告、不住禱告。

無論如何，强調禱告的效用，聲稱靈驗的上帝會應驗我們在祈禱中交給祂的訂單，以此來吸引信徒多祈禱，並不是一個太合宜的手段。並且，這種手段也反映出上一章已提到的功利主義與實用主義的心態：我們做一件事，首要的考慮不是這件事是否合乎正義，是否個人分所應爲，卻是做這件事所達致的後果是否符合我們的期望、是否令自已得益。在倫理學上，將道德價值約化爲與德目本身無關的價值（如快樂、福祉）的做法，稱之爲倫理上的自然主義 (Ethical Naturalism)。我們是否也用同樣的自然主義的心態來看待上帝、看待我們與上帝的關係，以致祈禱就變成祈福、上帝就變成有求必應的黃大仙？

我祈禱，不是因爲祈禱有用，而是因爲我喜歡與阿爸父上帝說話，我在祈禱中與祂建立深度的關係。至於祂會否供應我的需用、滿足我的渴求，便只是次要的考慮。

符合上帝心意的祈禱？

强調祈禱效用的說法，最大的危機還不是前面所提的那種功利主義的信仰理解，而是——諷刺地——限制了我們的祈禱，教我們不敢隨意直接向上帝禱求。

事實上，再誇言祈禱的效用，說他們曾多番經歷上帝神蹟性地應允祈禱的成功人士，也必然地會正視到他們的祈禱還是大多並未靈驗的事實。一個聲稱擁有醫病恩賜、公然開神醫大會的靈恩派領袖，他的家庭、朋友、教會，以至他自己，總還是會經歷生、老、病、死的，並無證據顯示靈恩派教會信徒的死亡率較低。於是乎，除非那些神醫同時擁有第三波主催者所云的「知識的言語」，就是在未作法行醫前已獲聖靈告知甚麼人的病不被醫治，從而拒絕爲其祈禱，不然他治病的成功率也不會是壓倒性的（這裏我且已假設這些神醫是眞有法力，他們的醫治報告是眞確可信的），總有許多人在經他按手祈禱後，仍然不得醫治。祈禱不蒙應允的經歷是人人擁有、無法逃遁的。

爲了繼續堅持祈禱大有果效的信念，成功人士通常便修正他們的說法，指出惟有按上帝的心意所做的祈禱，才是有效的、蒙應允的祈禱；那些不合上帝心意的祈禱，便一定不蒙應允，甚至是妄求了。雅各不是說過「你們得不著，是因爲你們不求；你們求也得不著，是因爲你們妄求……」（雅四3）嗎？

如此，在我們祈禱以前，必須首先過濾一下，看看那些祈禱的項目是合乎上帝的心意的，並且只爲那些我們覺得是合乎上帝心意的東西而祈禱。

但是，這個貌似理直氣壯、面面俱圓的說法，卻是說不通、也無法在眞實的世界中予以踐行的。

已經確知上帝的心意？

首先，我們祈禱的目的豈不是在尋求上帝的旨意嗎？那怎麼說在祈求之先，我們已確知上帝的心意，並且只爲那些符合上帝心意的東西祈求呢？這樣的說法，豈非抵觸了祈禱的原意及本質，自相矛盾了？

我們在向上帝祈禱時，一方面確認上帝的存在和祂在我們生命裏的發言權，我們謙卑地容讓祂介入、鑒察、拆毀與模造，使上帝的作爲顯明在生命裏；另方面也坦承人在知識與能力上的不逮，我們無法自足自主地生活，許多解不通、想不透的東西，許多重大但卻具冒險性的抉擇，我們都渴望上帝啟示祂的心意，指引我們的前路。我們祈禱，因爲我們渴望尋求上帝的心意。

當然，正如我在《憑誰意行？》一書所言，祈禱儘管表達了我們尋求上帝旨意的願望，卻不表示我們必然可以藉祈禱來確知上帝的旨意，因爲祈禱並沒有駕馭上帝、逼使祂按我們的要求發言的能力。與此同時，上帝也可以在祈禱以外，用任何形式來彰顯祂的心意，包括藉著我們的讀經、朋友或長輩的勸告，或環境的某些證據等。但**總的來說，祈禱即使不是我們確知上帝心意的方法，也不是上帝顯明心意的惟一途徑；卻仍是我們尋求上帝旨意的願望的表達，我們在禱告中呼求上帝啟示祂的旨意。**

何謂「妄求」？

其次，我們怎麼知道哪些心裏渴望的東西是符合上帝的心意的？在前面引述的經文中，雅各提到有兩種教我們「得不著」的原因，一是「不求」，另一是「妄求」；但如何區別出「非妄求」與「妄求」來，好叫我們在放棄「妄求」的同時，不會連「非妄求」也錯誤判別爲「妄求」而將之揚棄掉，結果陷墮至「不求」的景況裏，卻是不大容易分辨的。參照上文下理，雅各指責收信的信徒屢屢犯罪，「殺害嫉妒，又鬥毆爭戰」，以致他們的祈禱無法上達天廷，這個我倒易理解，但是抽離經文脈絡而單說某種祈禱是「妄求」，我便不明白那是怎麼一回事了。

極端地，要是我們明明是在做壞事，而仍然膽大妄爲地祈求上帝保守，例如打劫犯案前祈禱，希望過程順利；考試作弊，而祈求不被老師抓住，那便不折不扣、如假包換地是「妄求」，也符合雅各書第四章的講論。但是，在絕大多數情況下，我們的禱告都不會是這樣的。即使我們在重生得救後，仍然可以消滅良知與聖靈的引導，做出這樣的惡行，大概也不致敢厚顏無恥地向上帝求庇佑吧！所以，用這些幾不可能發生的例子來說明「妄求」是甚麼，對我們不會起很大的啟迪作用。

事實上，在我們日常生活裏大多數的渴求，都是無法予以簡單的價值評斷，並且無法確知是否合乎上帝的心意的。譬如身爲父母的希望子女擠進名校念書，做學生的期望考試順利，少男少女渴望認識心儀已久的異性，這些渴求都是自然不過、也難斷是非的。他們不可能藉查考聖經來確定以上的項目是否符合上帝的旨意，那麼順著自己的心意、誠實地向上帝祈求，便是惟一的、也理所當然的行爲，與做甚麼「合乎上帝心意的祈禱」全不相干。

說得庸俗一些，一個雇員期望升職加薪、

一個商人期望生意滔滔，一個投資者期望有賺無賠，並就此來向上帝禱告，仍不能算是錯的。要是他們清楚上帝的旨意，知道該去做個窮傳道，卻仍捨不得自己的生意，仍注目在個人的事業成就上，那當然便是悖逆；要是他們光顧賺錢，事奉瑪門不事奉上帝，置家庭、教會乃至一切責任於不顧，那當然便是拜偶像。但要非以上兩種情況，基督徒是否仍然可以將他們在工作上的期望帶到上帝跟前呢？做生意的，難道指望失敗，作投資的，難道指望虧本，才叫愛主靠主、敬虔度日？就因我們爲升職加薪、爲生意、爲投資祈求，而論斷我們貪愛世界，說這些祈禱不符合上帝的心意，是絕不公平的。它們也許不是神聖的，卻亦不是「妄求」。

哈里斯 (Richard Harries) 曾寫了一本頗爲大膽的關乎祈禱的書，題爲 *Prayer and the Pursuit of Happiness* (Grand Rapids: Eerdmans, 1985)，指出人在世上所求的諸般幸福，如快樂、滿足、成功、安全、愛與和平，其實都算不得與基督信仰相衝突。基督教並沒有鼓勵人受苦，更不曾歌頌無端的苦難，卻只指出了人通常以爲可以爲他帶來快樂的東西，其實並無眞實且持久的果效，也不會給他眞正的滿足；惟有回到上帝那裏，並在祂的指引下過眞實的、有智慧的生活，才是快樂的源頭。所以，基督教信仰並不否認人追求快樂的事實，也沒有任何貶損其價值的意圖。

哈里斯更指出，人在向上帝祈禱時，必須先站在他期望的位置上，像小孩子那樣子的向上帝說：「我想要……」這不僅不是不合宜的祈禱態度，更是符合上帝心意的形式。因爲一切動物均只按其本能上的需求 (needs) 而活，但人卻可進而有欲望 (wants)，這是上帝爲人而作的特殊設計，人將他的欲求帶到上帝面前，希冀上帝遂其心願。而**在禱告的過程中，上帝校正人的欲求，使之既合乎祂的心意，也合乎人眞正的需要。故此，人必須首先無僞地將如快樂、滿足、成功等欲望坦然向上帝相告，才有被上帝賦予新的意義的可能。**

向上帝求恩典

甚至再再誇張地說，向上帝求取一些額外的、非應得的恩典，也看不出有甚麼不對。一個學生由於溫習不足，祈禱說希望考試日刮颱風，當然並不合理；但不合理的地方只是他所求的颱風會影響別人，毀物傷人，故此願望乃損人利己，違反了「愛人如己」的愛律，而不是他竟大膽地要求上帝使考試延期。上帝多數不會聽這樣的禱告是不在話下的，但做這樣的禱告卻沒有甚麼理虧的。就好像在我們舉行婚禮或某些重要的儀式前，不也常常為上帝賜下好天氣而祈求嗎？

也許有人會說，基督徒必須公道地待己處人，不要有任何非分之想或不勞而獲的心理，卻應持定種甚麼、收甚麼，一分耕耘、一分收穫的原則。在禱告時，我們也只能為自己應得的部分祈求，超過應得的部分便是妄求了。這個說法我也不能苟同。

恩典之所以為恩典，就不是人本分應得的，否則便是「報酬」了。人若在努力後求合理的回報，並且也只能求合理的回報，那便根本用不著祈禱，頂多是求上帝不要用任何非人力的因素來破壞人的好事吧。我們之向上帝祈求，便必然是期望上帝供應一些超過我們自食其力所應得的恩典。並且，我們也認定上帝的恩典從來不是為了報答我們的功業或德行，亦沒有任何東西是上帝對人的欠債、非償報給人不可的。上帝給予我們的一切、我們向上帝祈求的一切，盡皆非我們應得的。就算我們的祈禱簡單如飯前謝恩，也必須泯除任何奉旨應得的心態，以為我們是憑藉一分耕耘、一分收穫的原則賺取回來的。一切惟獨恩典。

再者，聲稱人只宜向上帝祈求他所應得的部分的人，他的上帝觀也出了問題。若上帝只是公義的上帝，只按某種公平的原則來賞善罰惡，鐵面無私，說一不二，完全無通融餘地，也無法外情可言，則對這樣子冷冰冰的上帝，我還祈禱來幹啥？我若碰見某件渴望擁有的東西，卻沒有錢購買，我不會走進店鋪裏懇求店主無償地送給我，也不會跟我的老闆要求多發一個月薪水，好讓我有餘錢買了它，因爲我知道對店主或老闆而言，一分耕耘、一分收穫果是不易的原則，不容有人情牽涉入其中；但是，我的兒子卻不會這樣視我，他明明已花光該月的零用錢，看見某件心愛的物品，還是會厚著臉皮苦苦哀求我買來給他。儘管我並不會隨意破壞承諾或原則，也不會輕易地教他心想事成，但是，卻總不會對他的哀求無動於衷的。並且，我的兒子之所以會向我哀求額外的好處，正是因爲他並不將我看成店主或老闆，卻是個有義也有情的父親，父親對兒子總是有法外情、有恩典的。我要問的是：我們怎樣看待上帝：是鐵面無私的包青天，抑或「有恩惠、有憐憫，不輕易發怒，大有慈愛」的天父（參詩一四五8）？

甚麼叫合理的要求、或合乎上帝心意的祈禱？這可不能以所求的項目的大小難易來斷定的，耶穌不是吩咐我們甚至作移山倒海的祈禱嗎，這個祈禱豈非更不合理，更是「妄求」？

我的看法是：**除非我們的某些祈禱明顯地是抵觸了上帝記載在聖經裏的誡命律例，或者與聖靈在我們心裏的引導與託負不相符，否則就不用在祈禱以前先計慮好這樣的祈禱是否合乎上帝心意、是否屬於「妄求」，即管向上帝大膽也直率地祈求好了，毋須疑惑，也用不著包裝**。反正我們從來沒有視祈禱為擁有控制上帝的法力的手段，也尊重上帝有最終的發言權，祂可以不應允，或不按照我們的心意來應允我們的禱告；因此，我們便心安理得地按照心裏所想的來祈求，是否合乎上帝心意，就由上帝自行定奪，並且在事後才教我們發現吧。無論如何，我們是不會在未開聲祈禱，尋求上帝的心意以先，便已確知甚麼祈禱是不符合祂的心意的。

勝利主義的祈禱

在尚未求問上帝旨意以先，便已自行裁斷甚麼是合乎上帝的旨意、甚麼不是祂的旨意，這種做法本身就是僭越、是對上帝的冒犯。人怎可以取代上帝的位置，代上帝判別祂的旨意呢？

那些一方面認定祈禱大有果效，但另方面又說在祈禱以前先判別甚麼祈禱是合乎上帝旨意的說法，最終只會導引出一個這樣的後果：

便是憑直覺或常識來為自己的禱告項目作判斷，先考慮這樣的祈求蒙應允的機會有多少，然後才決定是否「去馬」，照單祈禱。這是實用主義與功利主義的祈禱心態最突出表現的形式：先預計祈禱會有效用，然後才祈禱。

凌賽爾 (H. Lindsell) 便曾討論過「浪費的禱告」此課題。他說：「很多時候我們向神求的都是常識告訴我們不該求的東西。只要我們『三思而後求』，就可省去不少事後的追悔。」（《舉起聖潔的手》，劉傳章譯〔台北：中華基督翻譯中心，1981〕，頁 146）但甚麼是浪費的、不應作的祈禱呢？他列舉了幾個例子，如一個人不應在考完試後才求上帝讓他能考過，卻應在考試之前就已祈禱；一個人該在有錢的親戚尚未去世前，便向上帝祈求讓他在其遺囑中有分，而不該在其死後才作；一個婦人在郊區車站等著接丈夫回家，由於丈夫是否在即將到站的車上已成定局，故她所求的「主啊，願他搭的就是下一班車」，也沒有意義……換言之，凡事已在某種情況下成了定局的，就不應該再祈禱，因為反正都是無用而白費的。他最後說：「正如神定規了某些東西要藉著禱告才能獲得，神也定規某些東西要用禱告以外的方法來獲得。這並不是說祈禱沒有用，而是禱告應該用在恰當的地方……讓我們

確定在求那些我們不該求的東西時，不致去作那些浪費的禱告。」（頁149）

這樣的說法教我非常震驚，作者反映的正是濃烈的勝利主義的心態。我們在祈禱時，必須先確定該項祈求會否成功（上帝是否有讓其成功的打算或能力），要是就常識（？）推理亦知道不可能成功的話，就無謂作浪費的禱告了。不會成功的祈禱，就是浪費的祈禱。

且先不批判此種對祈禱的實用主義的看法。我要問：在甚麼情況下，我們可以確知一件事已成定局，再沒有祈禱的必需、上帝再無施展作爲的能力？譬如說是在提筆答考卷之前，抑或在進試場之前、在確知教師尚未出題前、在該學期的課程尚未開始以前……要是我們相信人世間每件事物都有其因果序列，這樣，又有那個時刻是一切敞開、尚未成定局的呢？要是我們認定上帝能夠因應人的祈禱而介入人類歷史，改變因果序列，神蹟有可能發生，則爲何上帝誘導教師擬出我懂得回答的題目，會較祂直接竄改已評閱的考卷爲容易呢？這個說法，是否意味著我們認爲上帝在絕大多數的情況下，只會做小神蹟（如干預教師的心意）而不會做大神蹟（如干擾考卷積分）呢？（反正從自然主義角度看，兩者皆同爲違反自然律的神蹟，也同樣破壞了公平的原則。）

更重要的問題是，該在怎樣的情況下我們才對一切絕望，才放棄祈禱的打算？若醫生宣判了某病人患絕症，是否便應視爲定局，還是仍該爲萬一的僥倖而繼續祈求呢？

當然，若聲稱祈禱大有功效，但卻同時又只爲那些預計會成功的項目來祈禱，這種做法本身便是一個循環論證，即永遠無法被證爲僞的。因爲要是我們只爲那些照常理推斷多數會成就的東西而祈禱，而且拒絕一切風險高的祈求，統統把它們歸入「妄求」類，則我們自然不會讓我們的前設受考驗，也只會得著一些與前設相類同的經驗了。持這樣說法的人，永遠正義，永不言敗。

要是某些祈禱的成功人士僅是在玩弄一個語言遊戲，用循環論證來使自己的理論立於不敗之地，那我們就毋須太介意他們關起門來的自吹自擂，反正他們說甚麼也與我們無干。我最憂慮的是，**一個功利主義（甚至更準確的說法是：勝利主義 [triumphalism]）的禱告心態，若普遍蔓延在教會內，爲信徒不察地接受，並且以此來塑造他們的信仰生活，則便會產生許多不必要的困擾和傷害，並且也會窒礙人的屬靈生命的成長。**

不甘繼續成為凡人

且以我一個個人的經歷來作說明吧。我由於要肩負堂會的牧養工作，常常都會碰到弟兄姊妹前來要求我為他們的某項需要而祈禱的情況。坦白說，這些代禱的要求常常帶給我一些危機感與受威脅的感覺，彷彿像是要考驗我這個牧師的法力，看看我的禱告是否上達天廷，蒙上帝垂聽，也好核對一下我是否如某些人（按：就是上述的祈禱成功人士。我自己可從來沒有這個主張）所云的祈禱大有果效。雖然我並不很有功利主義或勝利主義的心態，但是畢竟在教會多年，總難倖免會受其中若干觀念的影響，於是乎有意無意地，我都會先對該弟兄或姊妹的代禱事項作一評估，看看蒙應允的成數有多少，然後才決定我的禱辭：是大有信心的乞求，抑或是模棱兩可的巧語。當然嘛，蒙應允的成數愈高的，則我的禱告便愈肯定，反之則便含混地拉扯過去好了。

我的教會曾經來了一位弟兄，經醫生診斷患上末期癌症，只餘下兩個月的壽命，除鎮痛藥外，也無別法可治。他是在發現身罹絕症後才皈依基督的，雖然他並不功利主義至要用信主來作為上帝使他痊癒的交換條件，但由於妻兒仍待照顧，心底裏確實是期望有神蹟發生、上帝能使他霍然痊癒的。這位弟兄有一天來找我爲他禱告，表面上我立時微笑著答應了，但內心卻在剎那間冒起了許多矛盾與不安：我該怎樣措辭、怎樣爲他禱告呢？要是他只是普通的患病，有藥可治，則我自然可以放膽爲他的痊癒祈禱，反正大概都會應驗吧。要是醫生只是診斷他患癌症，治好的機會是百分之五十，並且在用藥物或其他方法來控制病情，那雖然較爲冒險，我仍可勉强一搏，呼求上帝救拔他。但如今的情況是：醫生已判定他爲末期病例，估計了存活的時日，並且亦放棄了任何治療的努力，那麼，他之僥倖治癒，便實在是微乎其微了。

無論從知識及有限的經驗說，我都相信神蹟是可能發生的，我也聽過一些摯友（如許志偉醫生、楊牧谷牧師等）癌症奇妙地得到痊癒的見證（當然，治不好的病例是更多的，不過我們不常傳講這些「失敗」的事件，單單注目在少數「成功」的案例上）；然而，要在面前一個具體的案例中，向上帝指定要求神蹟發生，卻便與一般性宣認神蹟可能發生截然不同了，這對我的信心成了重大的考驗。並且，要是我敢開口向上帝乞求徹底痊癒的神蹟，我將把自己捲入他的癌症的整個事件中，癌症再不是他跟上帝兩造的交涉，而是三方的討價還價了，我能如此陷自己於不義嗎？作爲一個牧師、一個在信徒眼中的屬靈人，我可以接納信徒發現我的預言失效、法力平常、屬靈深度不過爾爾嗎？……許多盤算就在幾秒中發生，內心交戰著。

終於爲了保險的緣故，我只給他作了一個模棱兩可的祈禱：就是宣稱上帝自有祂美善的旨意啦；要是祂願意的話，則可使他痊癒，若非祂的允准，則請讓他有信心接受現實啦；無論如何，凡屬上帝的人，皆相信一切發生在身上的東西都是好的，爲要使自己與別人得造就、蒙福氣啦……對我而言，做這樣的祈禱可容易不過。

但是，在他謝了我離開辦公室後，我的心情卻迅速壞下來，我爲剛才所有的內心掙扎、以至整個祈禱感到懊惱，非常痛恨自己。那天是主日清晨，崇拜開始前，結果在安靜祈禱一會後，我臨時改換了崇拜的講章。

我並不認爲我的禱文出了甚麼問題，就內容言，每句都是穩妥的：既宣告了上帝對人生命所擁有的主權，又讚頌祂的慈愛及對人的護理，最後亦呼籲人憑信心將生命交託，一切無懈可擊，面面兼顧。再者，我不是一貫堅持人不可以在禱告中扮演了上帝的角色，在上帝尚未作聲之前便代祂應允人的籲求，惟一合法的祈禱是「若祢願意，請醫治我」嗎？剛才的祈禱正好是順著「若祢願意」的格套啊！

我覺得不穩妥的是在禱告的態度上。我這種在尚未祈禱便先計算靈驗的成數若何，並且在判斷了成功的機會率後才決定禱文內容、措辭、語氣的做法，實際上是功利主義與勝利主義的思想的具體反映。而勝利主義的心態（就是屬靈的人必然知道上帝的心意，能順著上帝心意祈禱，而合乎上帝心意的祈禱必然應驗，故屬靈人的祈禱必然應驗，祈禱是大有果效的），雖不致教我自封爲上帝（就這點言，還是較第三波及某些「內在醫治」的理論爲優勝的），但卻也使我努力扮演「神人」或屬靈超人的角色，我再不願意做回一個平凡的人，既不知上帝的具體旨意，又無懼於呼籲無效，只是無助又無能地匍匐在地，直率的向上帝乞恩。**功利主義與勝利主義的祈禱態度，使我不甘承認自己是一個普通人。**

凡人的祈禱

我爲甚麼不敢向上帝呼籲「主啊，我與那位弟兄都渴望祢介入，親手醫治他」？我爲甚麼不肯坦誠地將那位弟兄的苦情向上帝陳訴，希望上帝大施憐憫？我爲甚麼要在祈禱中扮演正義的角色，述說面面俱圓的話，以致使祈禱不再成爲祈禱——不是人向上帝的求援，而竟成了我對該弟兄的直接教導？歸根結柢，原因只有一個：我不甘繼續是個凡人。

祈禱之爲祈禱，是人以人的身分向全能上帝說話，對祂發出讚美、感謝、認罪、立志、訴冤、籲求……因此祈禱者必須確認自己是人，既非全知又非全能，故需要上帝的介入與援助。上帝永遠是人無法預知或控制的變數，祂是在聆聽人內心的苦情後，決定是否干預、又如何干預的那位，故此，人根本不應在祈禱前便預計上帝會怎樣回應，是否干預、是否應允，只管將他的內心的感受與渴望表白出來便好了。一切傾訴心曲以外的說話，就算是聖經金句、再正義及合乎眞理的，都是以下犯上，僭越了上帝的位分。

我再强調：一切誦讀金句、藉祈禱（特別是公禱）來代表上帝教導信衆的做法，都是使祈禱變成非祈禱，淪爲人的獨白。因爲祈禱者忘記了上帝的存在，忘記了是祂聆聽人的祈禱！忘記了只有祂才有權作出應允或拒絕的決定，忘記了只有祂才有資格說那些「非人的」正義的說話。人在禱告中若不甘爲凡人，無論是使自己升格做半神人抑或上帝，均是對上帝的僭越。

或曰：難道我們不應在祈禱中全面兼顧，

既發出我們向上帝的請求，又宣認我們的請求只有在合乎上帝的心意下才得應允，以免任何參與祈禱者產生錯誤的想法，以爲向上帝祈求了便一定蒙應允，諸事大吉了嗎？

我的看法是：我們需要淸楚敎導信徒，不應輕信那些「祈禱大有果效」、「出於信心的禱告必然應驗」的功利主義或勝利主義的講論。但由於祈禱不是講道，故在祈禱中，還是只應將心底裏的渴望坦誠地向上帝陳訴，而不應自問自答，自說自話，客串上帝的角色；頂多是在祈禱後對自己或別人宣認不應因祈禱完了，便以爲上帝只能按著我們的要求來成就萬事，我們必須順服上帝的主權。但無論如何，保持祈禱是純粹的祈禱，不該夾雜任何非祈禱的因素在其中，仍是至關重要的。事實上，坦誠地、以人的身分向上帝祈禱，同樣是確認及順服上帝主權的表達哩。

大衞爲他遘疾致死的兒子的祈禱是最感動我的一幕。當上帝因爲不滿他以計謀害死烏利亞，並巧奪其妻拔示巴，故擊打他們所生的孩子，使其得重病後，聖經記載大衞的反應是：「……爲這孩子懇求上帝，而且禁食，進入內室，終夜躺在地上。他家中的老臣來到他旁邊，要把他從地上扶起來，他卻不肯起來，也不同他們吃飯。」（撒下十二 16 ～ 17 ）雖然我們無法得知大衛向上帝說了甚麼話，但從他禁食七天，並且躺在地上不肯起來的表現，可以推斷他一定是迫切地為孩子之能痊癒而向上帝祈禱，哀求、哭號、訴怨、說情、勒榨，討價還價，無所不用其極，甚至淪於耍潑皮，完全不顧任何面子與身分了。對，人在向上帝祈禱時，必須甘作凡人，一切身分、地位、學識、經驗，統統不管用。

但是，當大衛的孩子在第七天真箇死了後，他的家人還在商議著好不好將這個噩耗告訴他，恐怕他哀慟過度，支持不住；大衛卻出乎意料之外，從地上爬起來，沐浴更衣，到聖殿朝拜上帝，然後吃飯。別人對他這樣怪異的行為大惑不解，大衛卻解釋說：

> 孩子還活著，我禁食哭泣，因為我想：「或者耶和華憐恤我，使孩子不死也未可知。」孩子死了，我何必禁食？我豈能使他返回呢？我必往他那裏去，他卻不能回我這裏來。（22～23節）

這段說話絕不是不近人情的正義之言，卻是敬畏上帝、參透生命奧祕的智慧結晶。大衛作為父親，自然是疼惜孩子的，不然他也不會為孩子遘疾哀哭七天了。但是，他知道生命的主權不在他手裏，不由他控制，若上帝定意要奪去孩子的性命，貴爲國王的他，也只能無怨地順服。而最重要的是，他確實表達了對上帝的徹底順服。在孩子仍未斷氣時，由於他知道生命的主權在上帝手中，故自然地向上帝禁食哭泣，懇切地哀求上帝施憐憫。他的祈禱愈懇切（而非愈正義！），便愈顯出他對上帝主權的順服。然而當孩子逝世以後，既然上帝的心意已定，那人只好順從。並且，大衞也沒有任何祈禱的勝利主義心態，認爲既付出了這麼多膝頭的代價，上帝總得給面子垂聽；不，人祈禱的懇切程度與是否蒙應允是沒有任何直接關係的。所以，上帝之拒絕大衞的請求，是祂的主權所在，他在接受現實之餘，也沒有埋怨或惱恨，反倒是先到聖殿敬拜上帝，然後才用膳。**事前坦率地陳述自己內心的需求與感受，不預計上帝的反應、不考慮應驗的比率；事後欣然接納上帝的決定，無嗔無怨，也不爲所求不就而覺著失面子，這正是我所說非功利主義或勝利主義心態的祈禱，也是一個眞正合上帝心意的凡人的祈禱。**

多不蒙應允

惟有當我們自甘爲凡人，不計算成效、不扮演神人或甚麼屬靈人的身分、也不認受那些聲稱祈禱大有果效的功利主義或勝利主義的說法，我們才可以坦誠率眞地向上帝祈禱，自由地、無拘束地向祂陳訴心底裏的所想所求。並且，**惟有不計算成效、毋須爲了應驗「祈禱大有果效」這個預設的緣故而不斷過濾自己的渴求、限制自己向上帝祈禱項目與措辭後，我們才眞正能做到隨時隨地向上帝祈禱、不住的禱告的聖經要求**。

在過去年多以來，我一直在學習不住禱告的功課。那不是說我不斷中斷自己的工作或生活，使自己恆常抽離現實去做一些偉大的、具永恆向度的祈禱；眞要這樣，我的工作態度便也太不專注、太不負責任了。我卻是學會敏感警覺上帝的同在，不用我抽離生活去發現祂，而是祂就在我的生活之內，與我一同呼吸、一同度過生活裏的每個片段，承受其中的喜怒哀樂。我將每一個當下的感受與渴求向祂陳明，眞誠地呼籲祂在每時介入，分享我的快樂，共鳴我的抱怨，甚至成爲我發洩一時怒氣的對象（當然，事後的認罪是不在話下的）。藉著恆常的簡短祈禱，我將生活與信仰、以至所信仰的上帝緊緊相連起來，上帝是眞實的，祂活在我的生活中；並且，祂要求我去過一個「當上帝存在」的生活方式。

在過不住祈禱的生活時，我的祈禱常是簡短的、即興的，沒有包裝、不用計較，率直得像是脫口而出的。早上起晚了牀，連奔帶跑地趕下山到碼頭趁船，邊走邊喚請上帝幫我制止那班船開出；衝入地鐵站，眼見一班列車快將開出，心中立即懇求上帝使列車佇候我一下……當然這樣的祈禱既不正義、又不神聖，頗爲自私自利。我爲每一樁快樂的小事感恩：成功擠上地鐵、早餐的味道不錯……也爲每一個挫折抱怨上帝兩句：要求祂正視趕不上列車所會帶給我的麻煩、飯菜不好吃肚皮活受罪……但無論如何，儘管我會禁不住埋怨上帝一陣子，我總不曾要求自己是祈禱的成功人士，任何口中發出的禱告，上帝都必須照單全收、如實應允，祂的主權我是清楚不過的，故此即使不應驗，我也不會有任何埋怨或惱恨，反正對我這樣庸俗的凡人的禱告，祂不答允也是很正常嘛。就像小孩子到父親跟前勒索敲榨一樣，可以撒野、可以稍爲放任，但不可逾分、不可冒犯上帝的主權。

正因爲我在生活裏常常做這樣既不正義又不神聖的祈禱，因此靈驗與不靈驗便從來不是我是否開口祈禱的主要關懷。事實上，我也從不在人前諱言，就統計學上說，我的祈禱是不應驗的居多的。或者準確地說，上帝沒有完全按照我的心意來供應我日常的需用，祂在我祈禱後（而非祈禱前）讓我知道（而非由我自行裁斷）甚麼是祂的心意，指教我去過順服的生活。

我祈禱，不是因爲祈禱有用（「有」功利主義或勝利主義含義的「用」），而是因爲我喜歡與阿爸父上帝說話，我在祈禱中與祂建立密切的關係。

第五章

順服的祈禱

在本章，我們會較專注敍述加爾文對祈禱的看法，並且旁及直接繼承改革宗傳統的清教徒 (Puritans) 對有關課題的進一步講述。我相信，與其我們到處剪輯拼湊不同的傳統，將各家各說集合共冶一爐，不若更好對自身承襲的遺產來個清點存貨，一方面了解自己所在的位置，另方面也檢視一下，這個傳統是否已如某些人所聲言的失卻時代的有效性，若是未盡失效，其對現代信徒可以有怎樣的指引。

順服上帝的主權

對改革宗而言，上帝的尊榮與主權是整個信仰的第一義，是人在未認識一切宗教眞理以先，所應該首先知道的眞理：上帝若眞存在，便必然是在人及宇宙之外，創造、管理、守護、控制萬有的主。人不是上帝，也不可能冀及上帝，與祂相貫共融，天人合一；無論在本質、知識、道德，以至能力上，人與上帝均有不可逾越的鴻溝。因此，即使在蒙上帝拯救，人成爲祂所收納的兒子後，人仍不能想望可以與上帝平起平坐，稱兄道弟，親昵至互相了解、心心相印的地步。（神秘主義者期望達到的「屬靈婚姻」[spiritual marriage]，與上帝完全契合的境界是根本不可能的！）人始終是人，不管是此生抑彼世，都不會變成「神人」或「半神」，任憑再修煉苦幹，也不致教他凌越地面半寸；他只能腳踏實地，努力做人。事實上，基督的拯救並非使我們得成「超人」，卻只是做回一個合乎上帝原來設計的「眞人」。救恩使我們成爲徹底的凡人 (radical humanity)。

正因爲上帝的尊榮是信仰的第一義，所以對加爾文而言，對上帝的敬虔 (*pietas*) 就比對祂的愛 (*caritas*) 更爲優先。人必須尊上帝爲上帝，敬畏祂，順服祂。而「敬虔」既指向內心的孝敬，如同兒女孝敬父母一樣，也包括外在行爲的順命，遵守各樣的本分。（參 F.L. Battles, "True Piety According to Calvin", 收 D.K. McKim 編，*Readings in Calvin's Theology* [Grand Rapids: Baker, 1984], 頁 194 ~ 196。）

如此，人生在世的主要目的在服事上帝、

榮耀上帝，惟獨上帝得榮耀。

無疑要遵行上帝的吩咐，必須首先明瞭上帝的本性及心意，以及祂對我們的具體要求，認識上帝是不可或缺的。但是，人首要認識的，仍不是上帝的至眞、至善、至美是怎麼一回事，這是窮我們一生的精力也無法參透的；卻是當祂赫然威臨時所彰顯的權柄與能力，祂對萬有（包括我們在內）的絕對主權(sovereignty)。正是這樣子對上帝的認識，產生了兩方面的影響：**第一、人對上帝的探究，不是討論其靜態屬性，彷彿祂是我們心中投射出來的一個對象、觀念或思想，卻是認識那位活生生的、在歷史裏有作爲的主。上帝是主動者，不是被研究的客體。第二、人在邂逅一位具主權的上帝時，當下的任務不是設法經驗祂、探索祂的底蘊，而是順服於祂的主權下，接受差遣與忠心踐命。順命的行動比冥想更爲合宜。**

人需要祈禱

祈禱是人以人的身分向擁有絕對主權的上帝說話。在禱告前，人願意禱告的心，正表示他確認上帝的主權、全善與能力；而在祈禱的行動裏，人表達出他對上帝的主權無條件的接納與順服；最後在祈禱的內容中，人也期求上帝以祂的行動彰顯祂的主權、全善與能力。所以，祈禱的行動顯明了人承認自己是人、上帝是上帝。沒有一個視上帝為上帝、過一個當上帝「有到」的人會不祈禱的。祈禱是順命兒女生活中不可或缺的部分，也是信心強度的寒暑表。

既然祈禱與認信、接納與期待上帝的主權有不可分割的關係，那麼，祈禱首要的目的就不在於控制上帝，使祂按照我們的心意運轉，而是努力以祂的旨意為我們的旨意，並將之兌現在我們生命上了。「願人都尊祢的名為聖；願祢的國降臨；願祢的旨意行在地上，如同行在天上」此〈主禱文〉的首段，必須成為我們向上帝祈禱的開場白。人在祈禱以前，先預備好被上帝改變，而非期望改變上帝。

但是，若祈禱只是承認上帝的主權，則人還可以向上帝祈求甚麼嗎？要是祈禱的目的僅在於教人順命，那基督徒不若全然噤口，默然順服，豈非更佳，何必祈禱這麼多餘呢？

加爾文對「祈禱的必須性」的質詢，給予了六個理由：第一、祈禱是人表達他迫切願意尋求上帝，愛祂及服事祂，連個人一切需用，都呈獻在祂面前，供祂鑑證與聖化；第二、在祈禱中，人傾出內心所想所求，讓上帝確證並無私邪夾雜其內；第三、人向上帝表達了他對

一切從祂而來的恩惠衷心的謝意，祈禱使他確認每樣好處均由上帝而得；第四、藉著他在尚未得著以先的祈求，及繼來的如願供應，人可心悅誠服地默念上帝的恩慈；第五、人也在祈禱中喜悅地期待及擁抱上帝即將為他供應的恩惠；第六、在經歷了以上各項後，人可以不疑惑地認信上帝是護理者，祂的應許永不落空，祂的旨意向人顯明，並且祂也主動地幫助他。(*Institutes*, III. XX. 2 ~ 3.)

這六個理由，對現代信徒，特別是那些疏懶於祈禱的而言，實在是暮鼓晨鐘，值得我們在這裏仔細品味。

祈禱乃祈求上帝使人成聖

首先，祈禱是人表達他迫切願意尋求上帝，愛祂並服事祂。人之所以有這樣的表達，並非因為他的信心已夠堅强，已經立定心意，故僅是在祈禱中向上帝陳述心衷，像一個軍人矢誓效忠國家一樣；不！恰好相反的是，人自知其信心不夠堅定，常常為世務、私欲與焦慮所纏繞，以致無法矢忠矢勇地順服上帝，奔走天路。人知道無法靠己力得救，也無法靠己力成為聖徒，一切惟賴上帝的恩典；在祈禱中，他向上帝坦然剖白內心的困擾與攔阻，期望上帝為他掃除「不信」的障礙，堅立他的信心，

彷彿像那位害癲癇症的孩子的父親那樣對耶穌吶喊：「我要信，求主幫助我的不信。」（可九24，原文另譯）

並非信心堅強的人才會祈禱，卻是信心軟弱（或自覺信心不足）的人才更需要祈禱。基督徒不是在屬靈高峯期方恆切禱告，乃是在最低潮、覺著上帝離他最遠的時刻，才更要勉强自己向上帝呼喊。不要以爲祈禱是靈性高超者的專利，也不要害怕上帝會因鑑自己的犯罪與灰心而不垂聽禱告；不！是在這個關鍵的時刻，人深切體會自己的無能與無有，即使在宗教與道德的事上也莫不如此，「立志行善由得我，只是行出來由不得我」，於是乎在遇溺的當下高呼：「主啊，救我。」軟弱無能是人的眞實寫照，故不應爲此羞恥至不肯祈禱，反倒這正是人向上帝祈求的基礎。

人向上帝表達願意尋求祂的心，這是他的由衷盼望，但卻不是已成就的事實。在祈禱中，人期望那位擁有他的主權的上帝將之兌現，夢境成眞。

祈禱乃呼求上帝鑑察己罪

其次，祈禱乃人向上帝發出請求，呼籲祂檢查自己的心思意念，看在他裏面有甚麼惡行沒有。祈禱者必須是個對上帝崇敬、對己眞誠的人（這正是加爾文訂定的正確祈禱四大定律的首二項！）。他知道在上帝面前，旣毋須、又無法隱藏自己的私欲邪情，將之掩蓋而不讓上帝看見；他也不能假裝做一個敬虔正義的人，向上帝說一些冠冕堂皇、大義凜然的話，並以爲上帝會喜悅接受人的諂媚，因此不再細察他的眞面目。

人與上帝的關係，永遠是建造在他的眞實景況之上的，惟有他的所是才是信仰的起點，上帝在這裏呼召他、敎他稱義，也使他成爲聖潔。因此，人必須被上帝打回原形，剝去所有後天成就、社會地位、文化禮節等構成的所有與所作，甚至要除去貌似敬虔的宗敎保護屛障，赤裸裸、也坦蕩蕩地在上帝跟前；這是上帝原來認識的他（上帝從沒有被他成功欺騙過），也是他的惟一被上帝接納的模樣。

在祈禱中，人不僅先自行省察，鑑證是否存有惡行；他更主動地向上帝發出邀請，讓祂親自作出審查。因爲人太容易自欺了，常是律己以寬、待人以嚴，以各種理由爲自己的罪行尋求開脫；而一些久以爲常的惡習，或源自性格上的缺陷的偏差行爲，更是人難以發現其弊的盲點所在。因此，人需要從上帝的眼裏，方才得到最準確的判斷；人藉上帝對他的認識來獲得眞正的自我認識，並以此做爲祈求上帝替他改造的肇始。祈禱是人尋求上帝幫助他作自我認識與自我改造。

祈禱使我們察覺生命的恩惠

第三，祈禱乃人表達對上帝的謝意，爲祂所予自己的一切恩惠獻上感恩。

很多時候，我們以爲祈禱只是爲未來求恩典，卻沒有想到祈禱更重要的是讓我們發現已有的恩典。

人常將上帝的作爲局限在某些超自然的事件之上，即無法循自然的途徑去解釋的事物。這包括人力所不能及之處，如「人的盡頭是上帝的開始」之類的：身罹絕症、窮途末路、山窮水盡；又或者是出現的或然率甚低、高度巧合的事，諸如在地上撿獲一百萬元。至於恆常發生、且可以藉政治、社會、經濟、心理等因素充分解釋的事，就甚難看作上帝的作爲了。但是，從改革宗堅信上帝護理一切的角度看，人世間根本就沒有任何偶然、巧合、好彩、僥倖的事，萬事萬物均在上帝的掌握之中，非祂准許，我們連一根頭髮也不會掉下，又有何事不在祂的控制範圍內呢？（有關機緣與幸運的問題，參 J.H. Leith, *John Calvin's Doctrine of the Christian Life* [Louisville: WJKP, 1989], 頁 115 及下）如此，從嚴格的意義看，沒有任何自然的事不同時是超自然的神蹟，沒有任何我們擁有的事物不是上帝的恩典。

藉著祈禱，人宣認那些他一直覺著理應擁有的東西原來也是上帝的恩典。例如人雖然辛勤工作，藉勞力賺取飲食，並且在一個富裕的社會裏，他亦從來不曾有飲食的憂慮；但在謝飯時，他仍將一切享用的食物歸功於上帝的供應，認定若無上帝賜福，他的勞力並不足以保證必有收穫，故自然的理由不是充分的，上帝的恩典也是具體實在的。同樣地，當人在祈禱中爲他的婚姻、家庭、事業、財產、關係、教會……一一向上帝呈獻感謝時，他也在促使自己從另一個角度看事物，將平凡的看爲不平凡的，將理所當然的看爲不配享用的。生活變得恩典處處。

惟有在平常順遂的日子我們慣於將自然事物繙譯爲上帝恩典，我們才不會在碰到某項不稱意的事，如上帝不按我們的訂單答允所求時，便輕易對上帝忿忿不平，誣捏祂既不公義又不慈愛。因爲他曾經歷上帝的恩典已經夠多了，他對上帝的認識，已由個別的恩典事件，提升至整體地祂是慈愛的上帝的論定之上，故不會太受一二例外事件所動搖。此外，恆常經歷上帝恩典的他，也較易在艱難的歲月中恆忍，過去恩典的經驗，教他對未來存有信心，相信上帝不會收回祂的拯救，苦難終有盡頭，光明就在前面。

祈禱讓我們經歷恩典

第四，祈禱是人驗證上帝恩典的途徑，藉著他的祈求與繼來的應允，他可徹底地降服在上帝的恩典之下。

如第一章所述，讚美祈禱要不是發自人內心的激盪，硬要編作某個樣板的程序，則便淪爲虛僞的宗教儀節，失卻祈禱的自發性與誠實了，感恩祈禱也不例外。

人不能單單宣認生活的一切均是恩典，便能對上帝恩典有所體會；人也不能僅視一切自然的事物爲神蹟，便自以爲對神蹟有一手的認知。因爲要是自然與超自然、神聖與世俗的界線完全被泯除的話，則超自然與神聖便變爲僅是對自然與世俗事物的另一種詮釋方法，純粹是新觀點的添加；對於那些不信上帝的自然主義者而言，這種添加上去的詮釋便是多餘的，他們可以拒絕這個詮釋而活得完全自足，與基督徒毫無分別。

但是，宣認上帝是世界及歷史的護理者，卻不等於要把祂的作爲局限在使世界按自然規律運轉之上，否則上帝便是自然神論者(Deists)眼中撥時鐘發條的那位，而非主動地誘導歷史前進的主了。對我們而言，上帝的恩典既包括了日常生活裏的自然供應：叫日頭升出、叫雨降下，也包括了我們期望某些特殊的事情發生，就是超自然、非人的智慧盡能理解的神蹟。

基督徒在祈禱中，不但學習聆聽上帝的說話，教自己的心意屈從於上帝的心意，也同時實在的將他的心思意念告訴上帝，期求祂按我們的懇求來加以成就。正如前面所說的，我們確信上帝垂聽人的祈禱，並且會（但不必然）按人的願望來修訂祂原有的計劃。如此，人的祈禱是可以帶來真實的轉變的。

在祈求與應允的過程中，我們看到了上帝超自然地介入，滿足我們這樣謙卑的人的謙卑的需要，向我們施恩惠行憐憫。我們不單宣認上帝是恩典的上帝，更在具體的經歷中確認祂的恩典。祈禱讓人對上帝的恩典有第一手的體驗，這是幾乎所有基督徒都可以證明的。

祈禱增添我們生活的喜悅

第五，人在祈禱中喜悅地期待及擁抱上帝即將為他供應的恩惠。

正因為我們曾為自己的需用祈禱了，我們也相信上帝會不吝嗇地供應一切的需用，故此我們可以懷著盼望；期待著上帝作為的施展、神蹟的降臨。一旦真的如願地成就了，我們所有的喜樂便非筆墨所能形容。就好像那蒙聖靈啟示，得知基督必在他去世前降生，故日夕期盼、佇候多年的西面，一旦見到嬰孩耶穌，願望得遂後，便興奮地稱頌上帝說：「主啊，如今可以照祢的話，釋放僕人安然去世……」

一個沒有盼望的人，是個完全絕望的人；一個沒有盼望的生活，也是個不值得活下去的生活。但基督徒可不這樣。藉著他在祈禱中將那怕是可以用常識預期的東西（如每日的工作、日用飲食）交託給上帝，他覺察到一粥一飯、工作的稍成、人際關係的溫馨，統統可以教他激動至落淚，原來上帝竟然如此寵愛他。與此同時，藉著他將自己的成聖功夫、性格塑造等交託給上帝，他對自己的明天充滿盼望，相信潛質未盡，尚有進步的可能，上帝仍可在他未盡老化的生命裏，施行拔出、拆毀、毀壞、傾覆，又要建立、栽植的工程，再平凡的日子，於此也變得風雲變幻，上帝的作為，及被祂的作為籠罩的一切（在祈禱中人把所有東西都捲進去了），成了生活的最大變數。

事實上，上帝應允人祈禱的方法，許多時也教人既疑且懼、驚喜交集的。一方面，上帝並不常按我們所訂的時間表作工，祂有自己的時間；另方面，上帝亦不常依據人的期望與規劃來行事，祂有自己的設想。甚至，拒絕應允也是上帝回應禱告的其中一個方法，因為只有祂才知道甚麼是我們眞正的需要。如此在等候上帝回應的過程中，我們的信心與忍耐受到考驗。正如加爾文所言，只有藉著信心與盼望，才教我們在等候的過程中戰勝各樣如懼怕等負面情緒，並且鍛練我們的專注與警醒，不致在重複的日子中安逸沈睡。

祈禱使我們的生活充滿喜樂，是有盼望的喜樂。

祈禱教我們認識上帝的護理

第六、祈禱使我們確認上帝是大能的護理者。

對加爾文及改革宗而言，上帝的護理 (Providence) 及預定論 (Predestination) 是兩個最關鍵的教義，也是最常為人誤解、並招致攻擊的教義。

上帝護理的教義，强調了活著的上帝在祂所創造的萬有之上的主權，祂在主動地、積極地統管一切，帶引歷史朝祂所預定的方向發展。在强調上帝主動性之餘，護理的教義也說明了人的限制，身為受造物的他無法眞箇自主自足地生活，他不能有一瞬間離開上帝的護佑，獨立行走江湖。上帝既從「無有」創造萬有，倘非祂權能的命令托住，萬有（包括人類在內）便會復歸無有。

這個教義的聖經基礎是毋庸多言的，反正全本聖經彰顯的，都不會是一個自然神論或進程神學的上帝。它之所以出現困難，乃是由於它挫傷了人的傲氣，強逼人承認自身的不濟，破壞人的獨立自主性，使他面對正活在上帝爲主的世界的事實。所以，抗議之聲首先來自要爲人的自由意志辯護的人：若上帝統管一切，則人的自由與自主要非被徹底褫奪了，也會被大幅削減了。

此外，若上帝是護理者，負責推動歷史的發展，那祂是否該爲一切發生的不幸、災難，以及不公義的事負責？人的貧富愚智分歧這麼大，若上帝是促成此懸殊分別的眞正禍首，祂的公義與智慧便亦受到質疑了。

這裏我不會正面地爲上帝的護理答辯上述的質詢，因需要的篇幅太大，無法長話短說（可參我的《無言上帝的僕人》〔香港：基道出版社，1993〕，涉及其中部分課題）。我只要指出，加爾文的觀點其實並非一般人所想像的冷酷無情，只講上帝的主權，不理人的困苦。就如上帝的預定爲例，他原來要申明的，並非世人有一部分註定滅亡，因不在上帝揀選的範圍內，而是對那些蒙揀選的人指出，得救是上帝的計劃，故毋庸惶恐度日，惟怕一不小心，便在晚年失落信仰，千朝功名一朝喪；不！得救既然是上帝所預定，祂便會負責到底，不須人苦苦籌算。預定論不是一個審判罪人、嘲弄他們不被揀選的教義，卻旨在安慰蒙拯救的人，教他們滿懷信心地奔走天路，此生無悔。

同樣，護理的教義也不是認為上帝是個冷酷無情的主，既對一切訂定了計劃，便自把自為、一意孤行地予以推行，人只是在祂的計劃中被任意擺布的小棋子，無特別價值可言，死不足惜。不！在祈禱中，人切實地經歷到上帝的護理完全不是這回事。護理也者，乃是指上帝顧念人的需要，在人向祂祈求以先，已按祂的上智，定時且周全地供應人的需用。上帝也是個有慈悲憐憫的主，祂垂聽人的祈禱，並且會鑑諒我們卑微的籲請，而修改祂的計劃，使我們的願望得遂。上帝的護理是人敢於祈禱的根據，也是人坦然無懼地生活的最後憑藉。

> 所以，不要憂慮說，吃甚麼？喝甚麼？穿甚麼？這都是外邦人所求的。你們需用的這一切東西，你們的天父是知道的。你們要先求祂的國和祂的義，這些東西都要加給你們了。（太六 31 ~ 33）

總括上述六點而言，是人需要祈禱，藉此確認、經驗、再確認上帝的慈愛和信實；而非上帝需要人祈禱，藉此了解人的需用和心意。

靠著聖靈祈禱

在分析過人爲何需要祈禱後，加爾文進而爲一個正確的祈禱訂定四個規則，也便是正確祈禱的四種態度：崇敬、眞誠、謙卑及盼望。此四點皆已在前面論述過，這裏就不再贅言了。

值得一提的是，改革宗雖然强調上帝的主權，及祂與人的無限差別，但卻沒有因此將上帝推離人間，視祂爲完全的超越者。無疑從上帝與人的分別看，上帝是超越的上帝；但從祂直接統管護理宇宙萬物的事實看，上帝仍同時是內在於人間的，至少祂離我們不遠，毋須我們刻意尋找祂。上帝旣超越又內在，對人而言，超越的上帝是人尋找不到的，作爲人的內在限制，使他無法尋到上帝，他只能認識那位內在於人間，且向他彰顯的上帝。人不應追求隱祕的上帝，必須滿足於向人豁露自己的啟示的上帝。

聖經敍述的豈非也是上帝尋找人的故事嗎？是上帝親自降臨人間，呼召人，與人建立關係，構成福音的內容；而不是要求人在茫茫人海、上窮碧落下黃泉地尋找上帝。上帝離人不遠，並且應許我們凡尋找就必尋見，等候祂的必不至於羞愧。所以，人毋須過分突顯上帝的神祕性，更不該視信仰爲一條艱苦尋索上帝的路途，而祈禱乃是踏上此征途的惟一交通工具。上帝不是神祕性的，祈禱也不是神祕性的。

對改革宗及清教徒來說，人之所以能開口祈禱，是因爲上帝藉耶穌基督的拯救，已改變了我們與祂的關係，我們得被上帝收納爲兒女，成爲後嗣。上帝的父性 (the Fatherhood of God) 是祈禱的基礎。正是因爲上帝是天父、且是容讓人親昵地呼喚祂爲「阿爸父」的那位，人得著向祂自由祈禱的權利，毋須藉著任何宗教人物、也不用遵循任何特定的宗教儀式，只要開口奉主耶穌——使我們與父的關係改變的祂——的名而祈求，便無不蒙垂聽。上帝的父性使祈禱變得直接 (direct)、親切 (familiar)、坦率 (plain) 與勇敢 (bold)。

此外，聖經也告訴我們，上帝不獨在人的祈禱中不是隱祕的，更是主動參與在祈禱的過程內。保羅說：「況且我們的軟弱有聖靈幫助，我們本不曉得當怎樣禱告，只是聖靈親自用說不出來的歎息替我們禱告。」（羅八26）**聖靈在人的心裏，啟迪 (enlightening)、挑**

旺 (enlivening)、擴闊 (enlarging) 人的愛心與熱誠，也誘導人明白上帝的心意，好叫人在自覺或不自覺中，明瞭上帝的旨意，並按著祂的旨意來祈求。聖靈的同在，敎我們確認祈禱不是尋索上帝的手段。

對聖靈在人的禱告中的參與，以及保羅提醒信徒「靠著聖靈」禱告（弗六18），淸敎徒有不同的引伸和應用。較激烈的一派主張，因著人必須、也只能在靈裏禱告，故此祈禱該是自發的、即興的，在禱告的當下感受與隨從聖靈的即時帶領，並且是不經任何人工包裝地向上帝傾訴他的心意與想望。他們反對一切有形式的祈禱 (formal prayer)、一切編寫好禱文的祈禱（所謂 stinted prayer），及一切樣板式的禱文；連〈主禱文〉也認爲只是耶穌給門徒作合乎上帝心意祈禱的示範，而不是要求他們在日後念誦的。總之，屬靈的祈禱就是即興祈禱 (extemporary prayer)。

不過，激烈至主張要推翻一切固定禱文，連背誦〈主禱文〉的傳統也要放棄的人並不在多數，也有保守的改革宗信徒主張維持誦讀禱文 (read prayer) 的習慣，尤其是在公共崇拜之內，所以如巴克斯特 (Richard Baxter) 等也致力修訂崇拜用的《公禱書》；當然從內容看，其儀式的繁複程度已遠較其脫胎自的聖公會爲低。但是，如歐文(John Owen)等公理宗的信徒，對禮儀崇拜仍心存抗拒，視之爲聖靈在崇拜者中間自由運行的障礙，這個想法一直影響著自由崇拜傳統的教會，包括我所屬的宗派。

（以上有關形式禱告與即興禱告的爭論，可參 G.F. Nuttall, *The Holy Spirit in Puritan Faith and Experience* [Chicago: University of Chicago Press, 1992], 第七章。）

全情投入的祈禱

另一個與在聖靈裏禱告有關的課題，是開聲祈禱與默禱的選擇。有改革宗信徒主張，既然是聖靈用說不出來的歎息代我們祈禱，那麼人在禱告中便愈少說話愈佳，默禱是最佳的祈禱形式，人只須安靜己心，在上帝面前沈默等候，容讓內心與聖靈的呼吸相感應；並且在得著上帝的啟迪指引後，不吭一聲地順服遵行，毋須與上帝喋喋不休，更不應討價還價。清教徒的公共崇拜一般都是安靜、有秩序的，甚少在公禱時要求信衆同時開聲（更遑論大聲、激烈地）祈禱，默禱才是最主要的形式。這個看法，甚至影響到十八世紀以後的貴格派信徒(Quakers)。

但是，也有清教徒主張，特別是在個人靈修時的私禱中，開口大聲祈禱正是合宜的做法。人必須隨從聖靈的感動，盡心盡力地呼求上帝、讚美上帝，將人的知性與感性完全捲入祈禱中，彰盡所能，全情投入。事實上，人若向別人作出某項呼籲，不是常常提高聲調嗎？對上帝祈求又豈能例外？所以，十九世紀的奮興佈道家如芬尼(Charles Finney)主張扯破嗓子的向上帝吶喊，而傳統清教徒的房子裏，也總會預留一個小房間，特別爲祈禱之用，以免這樣聲嘶力竭的祈禱對他人構成太大的干擾。

對我而言，**開聲祈禱與默禱同樣爲合法而又有效的形式，反正形式本身並不重要。只要真箇傾情投入，像耶穌要求我們盡心、盡性、盡意、盡力地愛上帝那樣，專心仰望，細意聆聽，懇切祈求，恭謹遵行便可**。要是我們覺得大聲呼喊可以幫助我們集中注意力，便是有用的方法；要是我們享受安靜細察內心的脈動，諦聽聖靈微小的聲音，那默禱亦是合宜不過的。無論如何，祈禱切戒分心、輕忽，邊說邊胡思亂想，這樣做既冒犯上帝，亦使祈禱淪爲無意義的宗教儀式。祈禱必須清心。

正因爲祈禱必須專注和用力，所以就個人的經驗言，早在我們藉祈禱得著從上頭來的能力以先，我們原有的精力已給消耗掉，尤其是較長時間的祈禱，總是教人非常疲累。說句笑話，也許這是耶穌說的不先捨去便不會得著的意思吧。正因如此，默想與禱告最好選擇在精力充沛、頭腦清醒的時候進行，譬如是在早上。若眞的眼睏難當，晚禱便簡短完成好了，寧可少說，切勿胡言亂語。在大清早朝見上帝，是清教徒以至大多數基督徒亟亟鼓勵建立的屬靈操守；當然對於那些習慣晚睡，早上頭腦不大靈光的人，這個要求不一定有意義，但無論如何，正如加爾文與巴克斯特所堅持的，必須選擇最好的時間 (the most seasonable time)，定爲固定的祈禱時間，將最好的獻給上帝。

> 靠著聖靈，隨時多方禱告祈求，並要在此警醒不倦，爲衆聖徒祈求。（弗六 18 ）

後記

一個人的屬靈氣質，總是受著他的成長、其中的經歷，以及逐漸塑造的性格與思想所影響。信仰當然影響到他的個人，但後者亦同樣對前者產生影響。

自小生於貧家，與市井小民一起作息（反正我是其中一員），深深體會到他們在逼人的生活擔子下透不過氣，只能對身邊事物作原始的生理或心理反應，難以深度沈澱與思考，並且他們也缺乏理論與技巧來爲已有的經驗做較高層次的詮釋，結果往往被數落爲惟利是圖、眼光淺陋、志氣短薄，過的是「次人」或「平面人」的生活。現在的政治、社會、經濟的舞台不是爲他們而設的，將來爲今天撰寫的歷史也沒有他們的分兒，他們只是合構成歷史的背景而已。悄悄地來到世上，不被注目；悄悄地撒手塵寰，不留痕迹。我對以上的情況覺著很不公平。

由於以基層人士為傲，雖然經過多年帶中產階級味兒的教育（學做治人的「士」嘛！），始終不肯脫去小民的習氣，既抗拒那些繁文褥節、禮儀周周的所謂文化素養，也不喜歡那些刻意將問題複雜化，搬弄詞彙，故布玄虛，致令原來顯淺不過的道理無法廣為人知，只變成少數秀異分子的玩意的做法。對我來說，能夠簡單做的東西就不要架牀疊屋，能夠簡單說的道理亦無謂多繞圈子；甚麼高雅、專業、精緻……說得極端都是「階級專政」，至少也不是我的一杯茶。

念歷史的時候，對七十年代其實已趨下坡的「年鑒學派」(Annales)的理論深感興趣。他們反對歷史的撰述只局限於少數的英雄人物，要求擴大歷史研究領域，考察過去時代人類物質和精神生活的全貌，撰寫總體歷史(*historie totale*)。因此，我將大部分的精力都放在治社會史、經濟史與思想史之上，對那些以政治敍述為主的斷代史全不感興趣。而日後的研究（如果稱得上是研究的話），也集中在社會史與思想史的方面。我曾在兩本小書上說過：「中國最眞實的不是甚麼哲學理想、文化道統，而是人民——活生生在那塊土地上活了百數十萬年的人民。是他們的經歷建構了今天的中國，以致他們應該有權成爲歷史的主體。」我也試著「爲他們說話，勉力要恢復他們的歷史地位」，雖然事實上並不成功。（見《泥土黎民》、《剪影中國人》的〈序〉與〈後記〉。香港：突破出版社，1984，1985。）

及至改念神學以後，這樣子的想法仍然沒變，並且反映在以下兩個表現之上：第一、我對那些出於知識分子的驕傲而喊出來的大口號，諸如「以基督信仰爲中國文化求出路」、「藉建構一套思想來指導中國邁向二十一世紀」等，皆持懷疑、抗拒，甚至輕蔑的態度；我完全不相信歷史乃由知識分子或思想家誘導發展的，更遑論人數稀少思想深度也不足的基督徒思想家了。常有人問我是否有抱負要建立本色神學，我的回應是要看甚麼是本色神學了，若它是指一套有完備體系的理論，並假設在這套理論體系建立後基督教與中國文化的差距將得到泯除或大幅縮減，基督教將較易在中國人中間傳播，那我的答案是「不」。我根本不認爲這是可能完成的任務。第二、我也對那些努力要將基督信仰，無論是教義抑或實踐，都變得複雜深奧，並且打著「追求卓越」、「將最好的獻給上帝」的旗號，骨子裏不過是將基督信仰的理論與實踐裝扮得較高雅與專業的做法，深惡痛絕，認定這是對那位在加利利湖濱向著一羣漁夫木匠傳講福音的耶穌基督最大的污蔑。基督信仰絕對不是少數擁有（世俗的）專業知識與技術的秀異分子的禁臠，教會生活的第一原則是「向下看齊」，而非向中產文化靠攏。（這一點在拙著《今日哥林多教會》有頗詳細的闡論。香港：天道書樓，1992。）

關於後者，我特別對近年在香港教會鬧得熱烘烘的「崇拜更新」（特別是將自由崇拜傳統禮儀化）與「屬靈操練」等熱潮感到憂慮。問題不單在於裏面的主張或對或錯，更在於它們頗有傾向，要將簡單的信仰複雜化，將敬拜、祈禱、渴慕上帝等基本課題搞得高深莫測，手續繁複，並且嘲弄過往一直流傳的那種簡單、樸素的形態，判斷爲缺乏反省、缺乏深度，且是教會現存各種流弊的罪魁禍首。而他們提倡的主張，若剝去重重包裹的屬靈術語聖經金句，不外乎要將簡明的屬靈作業的外在形式構築起一套套繁瑣的程序，然後期望這些繁瑣的程序可以爲信徒的信仰增加深度，形式若複雜了，內容便亦隨之而深化了。

曾聽過幾次有關祈禱的講座，都令我慨歎生活爲何如此艱難。一位講者侃侃而論正確祈禱的十二步驟，由讚美至自省至認罪……；另一位更列舉一大堆中世紀的神祕主義者的言論，然後誘導人擺脫開聲祈禱的形式，逐步學習冥想祈禱。這裏且先不論他們的說法在神學思想上有甚麼可議之處，單就其鼓吹的祈禱形式，已教我在心底裏忍不住問：「祈禱不過是與上帝談話嘛，怎麼竟搞得這麼複雜？」我憂慮的不是一般教會內的小民或會被這些言論牽引過去（他們的精緻文化如此超離現實，該是普及不起來的），而是小民因無力企及這樣高深的屬靈水平，其樸素的宗教熱誠便受挫折而冷卻。「既然我怎樣努力也無法集中精神、專注冥想，學曉那套屬靈的祈禱樣式，那便乾脆不禱告吧。」將屬靈作業複雜化的最大結果是使凡人卻步。將朝見上帝、與上帝說話也弄至手續繁複，分開高低層次、深談淺論，造成的後果是將上帝擺上神龕，關進至聖所，只有少數屬靈秀異分子才有資格朝覲，其他人則被拒諸門外。基督教於此變成高檔遊戲。

我了解上述的言論頗有反智的情緒，因其質疑了學術與文化的價值；並且以學術論說的形式來挑戰學術的權威，亦未免自相矛盾了些。對此無法自圓其說，只好自嘲道：我做的不是廟堂神學，卻是市井神學呢。

一九九四年十月十一日

附錄

五四運動對香港教會的啟迪

一九一九年的五四運動，不惟是中國近代史上一次重要的學生運動，也是第一個由學生運動擴展至知識分子、商人、工人，及城市市民的大規模羣衆運動。無論對當時的政治、社會，以至日後的中國歷史發展，都有極其深遠的影響。當然，若就五四運動所提出的自由、民主、平等、科學，以及抵抗外侮、反對專制等崇高主張來評鑑，這個運動並沒有眞正達致它的理想，成就也不算驕人。然而，它所樹立的反抗傳統的束縛，抵制强權的勇氣，爲中國探求出路的決心，以至甘願爲實現理想付上一切代價的革命豪情，卻一直振奮著無數的後繼者。五四青年成了中國知識分子的楷模。這是爲甚麼有人把「六四事件」比附爲「新五四運動」（參周陽山：〈從五四到新五四〉，收氏編：《從五四到新五四》，台北：時報文化企業，1989年，頁11及後）；這也是爲甚麼在七十六年後的今天，整整五四一代經已過去，我們仍懷著嚴肅而敬虔的心情，緬懷這樁可歌可泣的歷史事件。

有關五四運動的成就與影響，史家已多所闡述，論述汗牛充棟，毋庸再作贅言。這裏我倒欲發人所未發，從五四運動對今天香港華人教會所能有的啟迪，作一些試探性的思考。

首先，且先爲五四運動的意義定位。五四運動是一個學生愛國運動。學生面對著日本等列强侮凌的外患，軍閥政客弄權賣國的內憂，出於亡國的危機感與救國的熱忱，奮而走出街頭，振臂吶喊，爆發一場轟烈的愛國運動。這樣子的民族主義運動，在中國歷史上並不是罕見的；即使就學生運動來看，五四運動也不是首創的。早在西漢哀帝時，便已有太學生聯袂上書，干預朝政，伸張正義。嗣後歷朝，太學生及年輕知識分子的伏闕上奏，議論政事，亦屢有發生；清末康有爲、梁啟超等士子〈公車上書〉，便是一例。故此單從學生愛國運動這個層面而論，五四運動並無獨特之處，它只反映了中國知識分子自古以來便存在的修齊治平，以國家興亡爲己任的濟世精神而已。

五四運動的獨特處，不在於它揭示的救國目標，也不在於它的遊行請願的表達形式，卻在於它所倡導的救國手段，也就是自一九一五年便開始的「新文化運動」所倡導的民主與科學。知識分子發現，中國當前存在的巨大困局，並非傳統固有的救國方略所能解救。事實上，傳統儒學那種視一切問題均爲道德問題，根源自倫理人格，故必須返本溯源，端正統治者以至整個時代的民心，由「內聖」入「外王」，這個自淸中葉以來保守派知識分子所提倡的匡時藥方，不僅不是救國之道，甚至本身就是陷國家於困局的一個因素。因此，五四知識分子勇敢地提出「打倒孔家店」，與傳統徹底決裂，反對舊道德，提倡新文明，舉起西方的民主與科學兩面大旗，推動中國進行全面的變革。（新文化運動對傳統中國文化的評價是否公允，全盤西化是否行得通，並非本文的議題，且按下不表。）

然後，我們將以上的粗略分析代入香港教會來觀察。今天的香港教會，同樣是面對著各種內憂外患的交煎。外患方面，九七的重大陰影，盤據多年而揮之不去，造成信仰上嚴重的震盪與沖激；內憂方面，教牧移民導致的領導危機、事奉者因靑黃不接而產生的乏力與挫折感、屬靈權威與典範的失墜所帶來的徬徨混亂感……凡此種種，皆使許多信徒陷在困擾紛亂中，沈鬱苦悶，卻又出路難覓。

早在八十年代初期，尚有不少教會領袖站立出來，試圖爲教會尋索出路。他們提出基督徒必須承擔時代的挑戰，勇敢地肩負香港社會與文化延繼的責任，站穩信仰立場，爲香港人提供一個扎根永恆的安身之所。無論是「信念獻議」、「復和神學」，或者各類型的使命更新的方案，總之是百花齊放，高論紛陳。在我的書房裏，還擱著十多本那個時代出版的書籍，以至大量的報刊剪錄呢。在其時，「中國教會史」是一個極其熱門的題目，鑑古知今，不少信徒都希望從歷史裏吸取教訓，尋找可資借鏡的地方，好回應共產政權的威脅。故我也常被邀請出席這樣的研討會與講座。

曾幾何時，九七問題或因討論太多而變成濫調，再也提不起信徒的興趣；或因早年侃侃而談者十九已移民他去，餘下的人亦不願話說太盡，堵住自己的退路，故逐漸地沈寂下來。除了三兩個較爲前衞的團體仍奮力苦撐外，再也沒有多少人探討信仰的關連性與適切性、教會對社會與文化的承擔，以及傳福音和教會模式的轉變了。諷刺的是，離九七愈近，我們的聲音反倒是微弱了，步伐遲緩了，勇氣也減少了。

如同傳統知識分子一樣，香港教會也迅速走向「內向化」(introversive)。要是「外王」

的路子給封殺了的話，則「內聖」便成了最佳的安身立命之所。「兼達天下」若不可以，「獨善其身」也未嘗不可；反倒我們自身也是一個小宇宙，並且，「一室之不治，何以天下國家爲？」於是乎，取「一九九七與香港神學」此課題而代之的，便是「崇拜更新」、「屬靈操練模式的探索」、「信仰的個人經驗」、「權能佈道」、「內在醫治」等。它們成了八十年代末期至今的熱門話題。

必須强調的是：縱然我並不同意以上每一種個別的主張，卻並不認爲崇拜、屬靈操練、心靈醫治是無關痛癢的課題；它們是信仰不可或缺的部分，必須嚴肅地處理。但是，教我始而驚訝、繼而深切憂慮的倒是：爲何這些永恆存在、永恆要緊的信仰課題，竟然會在同一時間成了「城市話題」，教無數信徒趨之若鶩，彷彿好像甚麼石破天驚的新發明呢？（祈禱、讀經豈不是自小便不住被叮嚀的老話嗎？）這種一窩蜂的現象，背後反映的是怎樣的羣衆心理，反映的是怎樣的教會危機？

我的診斷是：正是由於我們無力在政治、社會、文化等宏觀層面回應時代的挑戰，信仰似乎無法爲我們提供在制度上、集體性解決問題的良方；那麼，退而求其次，讓我們在個人的微觀層面，經驗上帝的眞實性，好爲我們的信仰增加強度與韌度，倒也是既必須又合理的事。上帝要是無法在外在世界彰顯眞實性，則在內在世界被經驗爲眞，未嘗不是一個好的代換。既然無力振乾坤，叱退風浪，則平靜內心的波濤洶湧便是另一選擇；不管外在世界如何紛雜多變，我心自淸靜，則人間也變作靜土。

當然「內聖」與「外王」可以是相輔相成，不必是無法兼容的。但我們必須小心檢視，到底是否把「內聖」視作解決「外王」問題的簡易出路，認爲前者解決了，後者自當迎刃而解。於此，與其說我無法接納第三波（這裏再強調，本人並不一筆抹殺式地反對靈恩派），不若說我是深切抗拒那些宣稱「香港教會面對著時代的危機，急待聖靈的更新，所以第三波是解決香港教會困局的出路」的主張（請恕我不欲直接徵引這些言論，以免衝撞任何個人）。「內聖」的鍛練無疑有助於面對「外王」的挑戰，但卻絕不能予以替代。否則，我豈非重複那些甚麼「只要努力傳福音，人人信主，社會（政治、環保……）問題自當消失於無形」的濫調去？這裏，我彷彿聽見費爾巴哈與馬克思的「宗教是人民的鴉片」的冷嘲熱諷，又目睹潘霍華等斷然拒絕德國教會在希特拉時代虛報「平安了」的「廉價福音」的氣概。嘿嘿我們的屬靈困局是甚麼？我們的乏力感與無能感從何而來？豈眞主要是由於個人無法經驗聖靈的同在？

並且，儘管「內聖」與「外王」相輔相成，「外王」新危機的出現，是否舊的「內聖」出路便能予以襄助解決，抑或「內聖」的傳統模式也是構成「外王」問題的一部分，必須一併處理？最近念完潘寧博 (Wolfhart Pannenberg) 的 *Christian Spirituality* 一書，心裏有很大感觸。雖然我並不同意他說傳統更正教建造在罪疚意識之上的屬靈觀已經失效、不能再適切時代挑戰的論斷；可是卻非常確信絕對不能抽離扯空地談論屬靈模式，東拼西湊地把中世紀早期、中期，以至十六世紀的屬靈操練方法來個大雜燴的做法。因爲這些屬靈模式各自反映著不同時代的信仰精神，不能任意分割來應用。屬靈模式絕不僅是如何讀經、祈禱、傳福音而已，它卻是反映了不同的教義重點、對世界的詮釋與關懷，以至不同的生活模式（前書，頁 14 ～ 15 ）。因此，我懷疑是否能撇除十六世紀的世界觀來直接學效迦密會的靈修模式 (Carmelite Spirituality)；也懷疑二十世紀的人，可否完全無視搭建在自然主義與實證主義之上的知識系統與現實世界，將自己人格二分，如同第三波鼓吹者輕描淡寫地說重拾「忽略的中層」，就可以視世界爲神魔大戰、鬼影幢幢。潘寧博主張，教會不能僅就個人的層面去談稱義與成聖，卻必須關注社會與文化層面，尋找釋放與脫罪的方法。上帝的國在這個新屬靈觀之上，是極其關鍵要緊的。這個主張，對福音派信徒未嘗不是一個諍言。但教我遺憾的是，今天第三波的主張「國度神學」、「上帝權能」竟然淪落至等同個人的醫病趕鬼，國度與權能竟然成了人可藉咒語或信念（「禱告」與「信心」）駕馭的特異功能。嗚呼！

在還有三個五四紀念日便改朝換代的今天，讓我們思想五四運動對教會兩個啟迪：承擔社會與文化的危機與挑戰，及拒絕將信仰與時代問題「內向化」處理。我們需要更多的勇氣與豪情。

（原載於《時代論壇》244期，1992年5月3日。）

梁家麟作者簡介

梁家麟，香港出生，成長。八〇年代畢業於香港中文大學歷史系，分別獲文學士、哲學碩士，及哲學博士學位。後赴加拿大維真神學院攻讀神學，獲基督教研究文憑及道學碩士學位。畢業後曾任《突破雜誌》執行編輯，現任香港建道神學院院長。

其著作有《憑誰意行？》、《另一種信仰？》、《無言上帝的僕人》、《凡人的祈禱》、《憤怒的一代》、《信仰答客問》(與許立中、吳思源合著)、《信主之後》、《吳耀宗三論》、《走過從前》、《華人宣道會百年史》、《改革開放以來的中國農村教會》、《建道神學院百年史》、《華人傳道與奮興佈道家》、《神學研究指南》、《福音與麵包》、《我與誰親咀》、《與你何干？》、《少數派與少數主義》、《五十年代三自運動的研究》、《基督教會史略》、《他們是為了信仰》、《化裝的基督》、《信訂一生》、《追求成長》、《信仰不是講感覺》、《人間信仰》、《倪柝聲的榮辱升黜》等。

信念再思叢書 慎思明辨．探求真相

雞毛蒜皮的信仰

許立中 著／ $68

眼淚並未抹乾：
一個受苦者的聲音（增修版）

龔立人 著／ $68

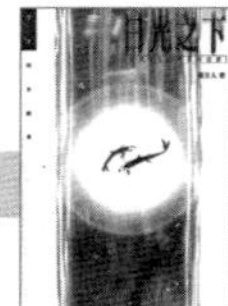

日光之下：對真誠生活尋索的紀錄

龔立人 著／ $58

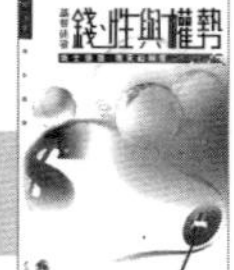

基督徒看錢、性與權勢（合訂本）
Money, Sex & Power

傅士德（Richard J. Foster）著／
周天和 等譯／$98

十個關乎神的謊言
Ten Lies about God

呂德夏（Erwin W. Lutzer）著／張光照 譯／
$88

心靈在線：
現代人於網際空間的信仰省思
The Soul in Cyberspace

古德格（Douglas Groothuis）著／
羅燕明 譯／$63

梁家麟書系

另一種信仰？

梁家麟 著／$48

信仰本來便是一場冒險和掙扎，沒有任何必然性可以成為我們穩妥的把握。面對「危險」的信仰，讓我們看見自己的虛偽和驕傲。

憑誰意行？

梁家麟 著／$48

神真願當木偶師？祂造人的心意只是希望多一大堆木偶來把玩扯弄？人必須正視和反思自己的責任和角色。

無言上帝的僕人

梁家麟 著／$43

我們似乎揣摩不到上帝的作為，面對沉默不語上帝，我們仍須承擔歷史責任、尋索上帝在生命裏的個別作為，面對挑戰。

凡人的祈禱

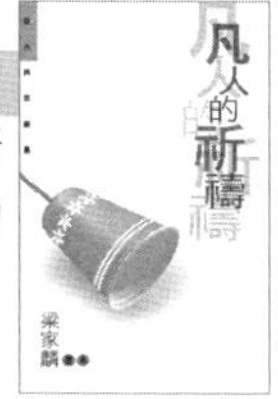

梁家麟 著／$53

基督徒是否真能藉祈禱與上帝契合？怎樣的祈禱才是有效而合法的呢？作者站穩在改革宗的立場分享「凡人」見解。

讀者意見表

緊扣時代　服事教會

以文字傳揚基督真道

衷心多謝你購買本社書籍。本社一直致力以出版事工服事教會，幫助信徒扎根於神的話語，促進靈命增長。為使我們的出版更能滿足你的需要，請填寫下列各項資料，並寄回或傳真予本社。

所購書籍：________________________

本書最吸引你的地方：

□作者　□適切性　□文筆　□設計　□實用性

□其他：________________________

購買本書地點：

□基道書樓　□基督教書店　□非基督教書店

性別：□男　□女　職業：________________

信仰：□基督徒　□非基督徒

年齡：□ 16 歲或以下　□ 17～25 歲　□ 26～35 歲

□ 36～55 歲　□ 56 歲或以上

學歷：□中三或以下　□中五　□預科

□大學　□研究院

□我欲更多了解基道出版社的事工及考慮支持，請寄給我下列資料：

□機構簡介　□新書資料　□基道會員通訊

□《基道文字事工通訊》

姓名：________________ 電話：________________

地址：________________________________

____

傳真：________________ 電子郵件：________________

其他意見：________________________________

____

多謝賜教！

意見表可以傳真（2687-0281）或直接郵寄以下地址：
香港沙田火炭坳背灣街26號富騰工業中心1011室
基道出版社編輯部收